国家技能型紧缺人才培养培训工程系列教材

中等职业教育课程改革创新教材

商业业态知识

第2版

主　编　范　磊

副主编　邵　帅　廉红霞　路　璐

参　编　孙鹤玲　穆朝阳　曹杨兴

机械工业出版社

本书共分 9 个单元：商业业态概述、百货商店、超级市场、连锁店、仓储式商店、便利店、购物中心、网络商店、合作社。书后附有最新国家标准《零售业态分类》供学生参考。

本书依据中等职业技术学校对学生培养方向的要求进行编写，注重对学生动手能力的培养，力争做到理论联系实际，体现以下特点：①通俗易懂，降低难度。②增强趣味性、生动性和启发性。③“轻理论、重实践”，通过学习，让学生明确知道“我知道学什么，怎么去学”。备有课后习题，供学生练习。

本书可作为中等职业技术学校物流服务与管理、电子商务、工商管理等专业的基础教材，也可作为商业及相关行业从业人员学习的参考教材。

图书在版编目（CIP）数据

商业业态知识/范磊主编. —2 版. —北京：机械工业出版社，2012.9（2024.1 重印）
国家技能型紧缺人才培养培训工程系列教材　中等职业教育课程改革创新教材
ISBN　978-7-111-39262-0

Ⅰ. ①商…　Ⅱ. ①范…　Ⅲ. ①商业管理—中等专业学校—教材　Ⅳ. ①F715

中国版本图书馆 CIP 数据核字（2012）第 210390 号

机械工业出版社（北京市百万庄大街 22 号　邮政编码 100037）
策划编辑：聂志磊　　责任编辑：聂志磊
封面设计：陈　沛　　责任印制：单爱军

北京虎彩文化传播有限公司印刷

2024 年 1 月第 2 版第 8 次印刷
184mm×260mm · 9.75 印张 · 240 千字
标准书号：ISBN　978-7-111-39262-0
定价：28.00 元

电话服务　　网络服务
客服电话：010-88361066　　机　工　官　网：www.cmpbook.com
010-88379833　　机　工　官　博：weibo.com/cmp1952
010-68326294　　金　书　网：www.golden-book.com
封底无防伪标均为盗版　　机工教育服务网：www.cmpedu.com

中等职业教育课程改革创新教材编审委员会

序

为落实以就业为导向、以服务为宗旨的职业教育办学方针，树立工作过程导向的课程观、行动导向的教学观、多元智能的人才观及多元评价的质量观，实现以服务社会主义现代化建设为宗旨，培养适应经济社会发展需要的，具有良好的职业道德、职业素质以及在生产、服务第一线工作的熟练的职业技能和职业能力的技能型人才的培养目标，机械工业出版社联合多所中等职业学校组织修订了这套物流专业系列教材。

本套教材力求落实物流专业培养目标与人才规格，提出了“紧紧围绕培养物流管理操作型人才这一核心，以最先进的职教理论和课程理论为指导，占领中等职业教育的制高点，紧贴物流职业领域的实际，使教材的编写经得起时间的考验”的指导思想。

本套教材编写的基本思路是：①打破学科体系，以培养职业能力、提高职业素质为核心，构建以工作过程为导向、理论与实践一体化、专业教学标准与职业资格标准相融合的职业教育课程体系。②专业基础课程以综合课程为主，专业课程（实务）以行动导向课程为主。③综合课程与职业资格取证挂钩。④加强实践、实训课程建设。⑤既能适应学历教育的需要，又能满足职业培训的需要。

本套教材的主要特点为：①以现代职业教育课程理论为指导，体现“以全面素质为基础，以就业为导向，以能力为本位，以学生为主体”的职教课程改革指导思想。②反映物流行业现实的特点和发展的需求，从职业岗位需求出发，以职业能力和技能培养为核心，既反映物流业现实的需要，又具有超前性，体现新知识、新技术、新工艺、新方法的应用。③体现学生自主学习、探究学习、合作学习和教学方法、学习方法的改革。④体现对职业能力评价等评价方式的改革。⑤体现现代职业教育教学手段，编写形式新颖多样、图文并茂、生动活泼、简洁直观，有助于学生理解。

本套教材分为综合型课程教材和行动导向型课程教材。

综合型课程教材的编写力争实现以下要求：①课程目标既要明确知识点，更要突出能力点。②课程内容主要是“是什么”和“怎么样”。③教学方式采用案例教学、情境教学和实践教学等手段，使学生在学习过程中做到动脑、动口、动手。④在教学方法上，为探究式学习、合作式学习留出充分的时间。⑤评价方式多采用开卷考试、口试、实操考核、“课业”考核、阶段考核和过程考核等考核方式。

行动导向型课程教材是本套系列教材的特色，主要体现在：①以运输、仓储、配送、采购、物流营销、物流信息管理等物流结点的主要工作流程为线索。②以上述各个工作流程中的不同操作环节所需要的能力、技能以及相关知识为蓝本。③以能力培养为主线。④以创建行动学习环境，组织学生动手操作、主动探索为教学模式。⑤以培养学生物流业务能力和综合职业素质为目标。

物流专业行动导向型课程由若干项工作任务组成，每一项工作任务都包含了对某一个工作环节操作能力的培养。本套教材为每项工作任务设置了任务描述、任务目标、情景导入、知识储备、教师演示、学生动手、举一反三和学习评价八个栏目，对课程的教学给予了明确的指导。

对于物流专业行动导向型课程的教学，建议采用以下教学模式：

模式一：基础实训模式

1）教师指导学生明确教学目标和实训要求。

2）教师指导学生明确实训的任务、方法和步骤。

3）学生准备相关材料和必备的知识（教师辅导）。

4）学生按照实训内容进行操作训练（教师辅导）。

5）学习评价。

模式二：角色实训模式

1）教师提出问题，并向学生介绍和展示问题情景，指导学生明确教学目标和实训要求。

2）按某一类型的物流企业组织结构组织学生以小组为单位分别担任不同职务（扮演不同角色），并研究角色的职责和任务。

3）角色扮演者根据角色扮演设计方案分别进行课堂现场展示，还可进行角色互换。

4）学习评价。

模式三：项目实训模式

1）教师布置学习任务，指导学生明确学习目标和实训要求，帮助学生理解任务。

2）教师提供相关参考资料，各项目小组进行调查研究、查阅资料、获取信息，作必要的知识和技能准备。

3）各项目小组合作学习，制定工作计划。

4）根据项目小组制定的计划提出各种方案，经过讨论确立本项目的最佳实施方案。

5）组织项目实施，教师作示范，学生观看；学生根据计划完成任务，教师观看、指导。

6）学生在完成项目的过程中自己检查工作过程及结果，出现问题时随时请教师或同学帮助解决。

7）学生完成项目后对成果进行展示与自我评价，同时对其他同学项目完成情况提出问题，互相交流。教师对学生在整个学习过程中的表现予以评价，对出现的问题给予纠正。

根据物流企业的现实情况，建议将行动导向型课程的操作训练方式分为两种：①手工操作，如手工填制各种单证。②结合物流信息管理系统上机操作，如在仓储信息管理系统中完成各仓储管理岗位的操作。

行动导向型课程建设需要教学管理的改革与之配套，如在教学安排上，可以在传统的“两课时一个教学单元”和“一课时一个教学单元”的基础上，采用“一天一个教学单元”和“一周一个教学单元”两种形式；又如在学习评价上，采用过程评价、能力评价的评价方式，在等级评价上，主要采用优秀、合格和不合格的等级体系。

本套教材中的许多探索还只是初步的，肯定还有许多不完善的地方，敬请同仁们多提宝贵意见。

中等职业教育课程改革创新教材编审委员会

第2版前言

《商业业态知识》第1版自出版以来，受到了全国各地中等职业技术学校、职业技术培训机构的热烈欢迎。为了进一步满足职业技术教育的要求，由机械工业出版社牵头决定重新修订，推出《商业业态知识》第2版。

2001年入世以来，中国国内消费以平均每年15%的速度增长，零售业的对外开放推进了我国零售业的发展和现代化进程。入世改变了我国零售业传统的商业布局和商品购销体系。国内零售业在发展先进零售业态方面大踏步前进。零售业在中国迅速扩张，不断拓展其销售势力范围，还带动了相关行业的发展，如物流配送行业、运输行业、银行支付体系等。这些客观条件迫切需要我们进行知识更新，对于职业教育人才的培养也提出了更高的要求。中等职业技术教育一些专业所需的基础知识也应适应市场变化，以保证向社会输送合格的人才，这正是我们积极推出《商业业态知识》第2版的初衷。

《商业业态知识》第2版在第1版的基础上进行了内容的修订，保留了原教材的主要编写风格和核心内容，增加了零售业态案例，并对原书中较为薄弱的部分进行了充实和改写，以使教材更能适应培养技能型人才的实际要求，更符合中等职业技术教育的培养目标和教学特点，更方便广大师生的使用。

本书由范磊任主编，邵帅、廉红霞、路璐任副主编，孙鹤玲、曹杨兴、穆朝阳参与了本书的编写并负责收集了大量的案例。在本书的编写过程中得到了很多企业和领导的支持，北京市供销学校康宏杰副校长提供了大量的实用资料，同时参阅了不少前辈们的理论知识，汲取了部分专家、学者的理论成果，在此一并表示最真挚的感谢。

因时间仓促、水平有限，本书难免有疏漏之处，恳请广大读者批评指正。

为方便教学，本书配备助教课件等教学资源。凡选用本书作为教材的教师，均可登录机械工业出版社教材服务网（http://www.cmpedu.com）进行注册并免费下载。

编　者

第1版前言

20世纪90年代以来，经济全球化进程不断加速，促使生产与社会流通结合得更为紧密，无论是在生产领域，还是在生活领域，这种影响都是非常明显的。

人类社会的经济发展，是一个历史的过程。工业革命时期是制造业的天下。到了20世纪初，商业得到了前所未有的发展，各种新的商业业态层出不穷，在社会经济中的比重越来越大，影响力也与日俱增。进入21世纪，商业的发展更是达到了一个前所未有的高度，科学地研究商业业态，对于我们学习商业业态知识具有重要的现实意义。

本书依据中等职业技术学校对学生培养方向的要求进行编写，注重对学生动手能力的培养，力争做到理论联系实际，体现以下特点：①通俗易懂，降低难度。②增强趣味性、生动性和启发性。③“轻理论、重实践”。通过学习，让学生明确“我知道学什么，怎么去学”。④有配套习题，供学生课后练习。

本书共分8个单元，可作为中等职业技术学校物流、电子商务、工商管理等专业的基础教材，也可作为商业及相关行业从业人员学习的参考教材。

本书由范磊任主编，王建茹任副主编，高级讲师司晓丽参编并负责审阅稿件。在编写的过程中，得到了很多企业的支持，同时参阅了不少前辈们的理论知识，汲取了部分专家、学者的理论成果，在此一并表示最真挚的感谢。

因时间仓促、水平有限，本书难免有疏漏之处，恳请专家、学者批评指正。

编　者

目　录

序
第 2 版前言
第 1 版前言
第一单元　商业业态概述……1
综合知识模块一　商业概述……1
综合知识模块二　现代零售业态……7
第二单元　百货商店……15
综合知识模块一　百货商店概述……15
综合知识模块二　百货商店的经营与管理……20
第三单元　超级市场……31
综合知识模块一　超级市场概述……31
综合知识模块二　超级市场的经营与管理……38
第四单元　连锁店……48
综合知识模块一　连锁店概述……48
综合知识模块二　连锁加盟的实际操作……54
第五单元　仓储式商店……60
综合知识模块一　仓储式商店概述……60
综合知识模块二　仓储式商店的选址及其经营技巧……64
第六单元　便利店……79
综合知识模块一　便利店概述……79
综合知识模块二　便利店的选址策略及其经营技巧……84
第七单元　购物中心……98
综合知识模块一　购物中心概述……98
综合知识模块二　购物中心的经营与管理……108
第八单元　网络商店……116
综合知识模块一　网络商店概述……116
综合知识模块二　网络商店的开设……120
第九单元　合作社……131
综合知识模块一　合作社概述……131
综合知识模块二　成立专业合作社实际操作流程……137
附录 A　中华人民共和国国家标准 GB/T 18106—2004 零售业态分类（摘录）……142
参考文献……148

第一单元　商业业态概述

本单元学习导引图

商业业态概述
- 商业概述
  - 对商业内涵的不同认识
  - 商业的演化历史
  - 商业业态
- 现代零售业态
  - 现代零售业态的定义
  - 现代零售业态的分类
  - 我国零售业的发展

学习目标

了解商业的来龙去脉是进行课程综合实训的开始，从不同的角度了解商业概念后，可以更好地深入了解商业的核心内容。本单元将带领大家认识商业梗概及商业的演化历史，并初步介绍现代零售业态的基本定义和分类，为以后学习各种商业业态作好前期准备。

综合知识模块一

商业概述

商业是一个很古老的概念，但不是有了人类就产生了商业，而是到了原始社会晚期，随着社会分工和商品交换的发展，商业才产生并发展起来，最终形成了一个独立于生产之外的产业。什么是商业呢？在当今的理论界并没有统一的认识。有的人认为商业就是以买卖方式使商品流通的经济活动。然而社会经济特别是商业自身迅速发展的实践早已使商业的含义大大超出了这个定义的范围，若继续沿用狭隘的商业概念，而不使用涵盖面更广泛的流通业概念并按流通业自身的内涵和发展要求，则必将进一步阻碍流通业的发展。虽然商业发展的历史并不因为人们对商业的回避或不正确的理解而受到太大的影响，但是对商业的明确界定却有助于我们拓宽视野，正确把握商业、流通业的本质，同时也有助于正确把握现代商业的发展趋势。

能力知识点1 对商业内涵的不同认识

商业是客观存在的，但人们对商业的理解和认识却是主观的。目前国内外学术界对商业的不同认识主要有以下几种。

1. “商品交换”论

以商品交换作为商业的定义，是商业最早、最普遍的概念，也是我国商界最流行的商业概念。该论点的依据是马克思在《资本论》中提到的商业是商品交换的发达形式，并认为，凡是交换行为，或凡是有规则、有组织进行的交换行为，或凡是以货币为媒介的交换行为都是商业。这种观点只是看到了商业活动的表面现象，只着重强调了商品交换、以货币为媒介，却忽视了商业主体及其从事商业活动的最终目的，即商业资本的增值，同时也忽视了不同的商业经营方式所反映或体现的不同交换关系。

2. “分配”或“配合”论

这种观点认为商业就是分配或配合。前苏联的理论界认为：社会主义商业，现在是，而且今后很长一段时间仍是社会主义社会成员中消费品分配的主要形式。这种观点后来传入我国，与我国革命战争年代的供给制以及随后的社会主义计划经济体制相结合，对我国的商业理论和商业实践活动产生了很大的影响。这种商业分配论观点把社会主义经济看成是以使用价值的再生产为特征的自然经济，不承认社会主义经济中有独立的商业，把本是属于商品流通过程的商业看成是消费品的分配。这必然产生谁是分配者的问题，实践中只有政府有资格行使分配权，否则难以进行。这种对商业的曲解最终导致政商不分，官商盛行，商业成了政府实现其政治职能的工具之一，完全丧失了“商业的本来面目”。

3. “商人”论

这种观点认为商业就是商人所进行的商品交换活动。“商业是专门的人运用专门的投资专门从事商品的买和卖而媒介成的社会商品交换”；“商业是商人把买卖商品的经营活动作为自己的社会职能，在生产者和消费者之间充当居间人，并媒介商品交换”。商人论虽然抓住了商业中商业主体这一要素，但它却忽视了商业发展的历史进程和产业性。最早的商业活动是由单个的商人来承担的，而现代商业活动却不可能完全由单个商人来完成。实际上商业得以产生和发展是以千千万万个商人所从事的经济活动为基础的，它是一个总体概念，即产业。此外，商业所体现的经济关系在商业发展的不同阶段也是不同的，从最初纯粹的一买一卖，到包买商，再到信用商业、特许经营商业等，商业所反映的商业主体之间、商业主体与生产者之间、商业主体与购买者之间的关系是截然不同的。

4. “商业部门”论

这种观点认为“商业是在商品经济条件下，由于社会分工所形成的一个专门媒介商品交换、组织商品流通的独立经济部门”。它认为商业是一个社会经济部门，这个部门的职能是媒介商品交换，组织商品流通。但是，这种商业观仍是不科学的。一是部门观念是计划经济体制下的产物和思想，显然与行业管理观念相左；二是产业或行业是由众多的同业组织构成的，仅仅从社会职能界定一个产业显然是不全面的；三是构成产业的经济组织无不以追求“利润最大化”为目的，因此，这种商业观忽视了营利性这一商业基本特征。此外，这种观点没有描述出商业的动态性，忽视了商业职能随着市场经济的发展而不断变化的规律性。当然，部门观念也容易产生部门利益和行业垄断问题，这是与市场经济的精神相背离的。

小知识

范蠡是春秋时期著名的政治家，他曾经辅佐越王勾践卧薪尝胆，成就了一代霸业。功成名就之后，范蠡激流勇退，退隐后来到了宋国，也就是今天的商丘，自称陶朱公，做起了商人。史书记载，范蠡在商丘经商，“三日致千金”，积累了大量的财富，富甲天下。后来，范蠡根据自己的经商实践经验和体会，总结出了一套系统的商业理论。

范蠡的经商理论，是根据当时社会发展的情况，总结出“人弃我取，人取我予”的理论。此理论可解释为：很多东西都没人买的时候，我把它买下来，囤积起来，然后等到社会囤货少了，甚至都没有了的时候，再拿出去卖。

这就是范蠡总结的“待乏理论”。除此之外，范蠡还总结出了一系列系统的经商理论，如经济循环理论，“平粜齐物价格理论”、“积著理论”等，直到今天仍然有着强大的生命力，堪称前人的智慧结晶。此外，范蠡还很有“商德”，他多次把经商赚来的钱用来救济灾民，为商人赢得了很高的荣誉，范蠡也因此被尊称为“商圣”。范蠡用自己的智慧和实践为商业活动的发展、为商业理论的产生和成熟作出了贡献。

能力知识点 2　商业的演化历史

循着商业发展的历史轨迹，可以发现商业先后经历了商人商业、组织化商业、流通业这样几个阶段。

1. 商人商业

在原始社会初期，由于生产力极其低下，原始人的劳动产品只能甚至不能维持自己的最低生存。没有多余的劳动产品，也就没有什么可用于交换的物品。到原始社会中期，由于生产力的发展，在人类历史上发生了第一次社会大分工，即畜牧业从农业中分离出来。分工使劳动生产率得以提高，从而使劳动产品出现了一定剩余，于是出现了小范围的物物交换。到了原始社会的末期和奴隶社会的初期，由于金属工具的发明和使用，促进了以生产劳动工具和“奢侈品”为主的手工业的发展，继而出现了第二次社会大分工，即手工业从农业中分离出来。第二次社会大分工使原始工业得以产生和发展起来，社会劳动生产率有了较明显的提高，社会剩余产品越来越多，基于社会分工之上的人们之间的商品交换变得频繁起来，同时，产销矛盾也尖锐起来。虽然货币的出现和使用使交换的效率大大提高，但是商品的产销矛盾并没有因此得到根本性的解决，生产者同时成为生产的行家和交换的行家。因此，社会迫切需要另一类人的出现，他们不仅购买生产者的产品，还把产品出售给需要该产品的人。于是出现了人类的第三次社会大分工，即职业商人开始出现。他们以买进卖出商品为己任，解决了商品的产销矛盾。由于商人的出现，商品生产者之间、生产者和消费者之间的直接交换就发展为以商人为媒介的间接交换。起初，由于专门从事买进卖出商品的商人较少，商人并未形成一个独立的社会阶层。但是，随着社会生产力和商品经济的发展，商品交换“时空”矛盾的不断激化，高额利润吸引了越来越多的人加入到商人群体中，并最终形成了一个独立的社会阶层，他们所从事的职业也逐渐成为一个新的行业——商业。商人商业的业种形式主要是小商贩的“流动地摊”和极少量的小杂货铺。在商人商业产生的过程中，手工业的发展和高额商业利润是最重要的条件。商人商业反映的不仅仅是简单的买卖关系，而且由于当时社会的主要矛盾是如何增加物质财富，更由于当时缺乏商业的政府公共管制，使得商人们掺杂使假、短斤少两现象盛行，所以，暴富的商人并不为社会所尊敬，当时各个国家基本上都采取抑商政策，商人是社会较低或最低等级的阶层。

2. 组织化商业

在商人商业时期，商人的资本相对较少，其经营规模也不大。但是随着手工业的发展和城市的出现，特别是工业革命的发生和科技的发展，催生了工厂制企业，半机械化、机械化生产手段得以在各个生产领域广泛运用，劳动生产率空前提高；同时，人口大量向城市集中，使消费者队伍日趋规模化和集中化；大量较先进的生产方式已成为工业生产领域最基本最普通的生产方式。生产的大量产品在市场上汇集并转化为极为可观的资金流量后，经过社会的初次分配而形成大量消费的格局。商人商业由于无法胜任或适应生产和消费领域发生的这种巨大变革而不得不让位于组织化商业，即商业发生了第一次革命。

这一时期的商业业态逐渐多样化起来，除了继续存在的商人商业阶段的杂货铺、“跳蚤市场”外，还出现了各种新型的并占主流地位的业态，如百货商店、超级市场、专业店、便利店等。如果说商人商业时期“商业”一词的含义还比较单纯的话，那么组织化商业时期商业内部的分工就变得复杂起来。商品采购、运输、仓储、加工、批发和零售等环节的逐步社会化对商业的促进作用是商人商业时期所无法比拟的。同时，基于不断加剧的同行竞争和通过行会实施的商业管制使商业行为逐步得到规范。组织化商业时期商业开始体现出多重复杂的经济关系。组织化既表现为微观商业主体的组织化——企业化，也表现为政府对商业活动管制的组织化——设置商业管制机构。同时，商业活动不但表现为与生产者和消费者一买一卖的关系，而且商业组织通过特许、专卖、信用等形式开始渗透到生产、流通和消费各个领域，开始把生产和社会再生产的其他环节汇集起来。此外，由于商品实现变得越来越困难，商业的地位和作用也就越来越被人们所看重。

3. 流通业

第二次世界大战以后，大规模垄断厂商为了谋求垄断利润和以电子计算机的发明及其应用为核心的新技术革命在全球范围内迅速发展，引发了商业领域的多次革命。在欧美国家和WTO框架体系中，商业已为分销服务业所替代。分销服务业的内涵要比传统商业宽泛得多，它是指产品从生产出来一直到消费者手中的整个流转过程中所涉及的一系列活动，不仅仅涉及批发和零售，而是包括了直销、代理、批发、零售到仓储、运输、售后服务等各个方面，是一种全新的流通方式和流通组织形式。在市场竞争日趋激烈的情况下，大规模生产企业纷纷自建产品分销体系或者通过控制分销网络等方式，达到控制产品销售市场、提高利润水平的目的。在组织化商业时代，商品采购、运输、仓储、加工和信息等环节仅是企业的内部分工，仅为本企业服务。但是新技术革命以信息化、自动化给流通的各个环节以流程再造的机会。本来隶属于本企业的商品采购，用信息化武装以后，不仅可以为本企业服务，而且还可以对其他企业及其他行业提供采购服务。商品运输、仓储、加工、信息等也是如此。于是流通的各个经营环节逐渐由企业内部分工变成了社会分工。商品采购公司、商品运输公司、商品仓储公司、商品加工公司和商品信息公司甚至电子商务公司等纷纷成立，商业进入了多元化阶段。很显然，多元化商业的发展使商业冲破了原来狭义的商业，狭义的商业则演化为广义的行业——流通业。

想一想

商人在商业历史中的发展作用。

在当今的世界里，流通业的业态已经完全多样化，涵盖了社会需求的各个方面，物流与物流业、电子商务和特许经营等已经成为当今最流行的词汇，以至于业态已演变成一种“生活方式”。

能力知识点3 商业业态

“业态”一词来自日本，原指日本经济学界用以说明零售企业、餐饮行业等经营业态的表述。日本安士敏先生认为：“业态是定义为营业的形态”，它是形态和效能的统一，形态即形状，它是达成效能的手段。业态是零售店向确定的顾客群提供确定的商品和服务的具体形态，是零售活动的具体形式。通俗理解，商业业态是指零售商业的店铺营业形态，即以满足消费者某种需求而选择与确定的店铺营业形态。

在过去的计划经济体制下，零售商业的店铺形态不是按消费者的需求设立的，而是按商品的计划管理体制设立的。什么样的商品管理部门开设什么样的店，如纺织品公司开设布店，五金交电公司开设五金交电商店，经营的内容专一且不允许兼容与交叉，这种店铺形态人为地割断了消费者在购买过程中对便利的需求。这种店铺形态由于有强烈的行业经营色彩，也称做业种店。当商品流通的计划管理体制被打破之后，业种店作为传统计划经济的零售形态越来越不适应市场变化与消费者需求。如果欲求得生存和发展，必须实行业种店向业态店的改制。这种改制包括两个方面：①调整现有店铺的经营内容，以新的经营形式完成向业态店的转移。②完全以新的经营形式和内容开设符合市场需求的业态店。除了传统的店铺形态要转向现代意义的店铺形态外，商业的一个重要发展方向就是零售商业连锁化经营的发展方向。这样一来，以超级市场为代表的连锁商业将掌握流通领域的主导权。生产商和批发代理商在很大程度上要增强对它的依赖和服务才能求得发展和生存，由于零售商业直接组织和满足了消费者的需求，再加上对流通最终通道的规模化和网络化的掌握，就获得了流通的主导权，可以说，业态的发展是零售业永恒的主题。所以，现代的零售商业必须要研究好业态的发展趋势和方向，才不至于落伍或被淘汰。

想一想

业种和业态的异同点。

活动建议

走访当地黄金地段的大型购物中心（其前身最好是当地的百货大楼），了解其发展的历程。最好能看到购物中心的历史资料，了解到历史上的业种和现今业态的不同之处。

举一反三

一、理论部分

（一）填空题

1．马克思在《资本论》中对商业的定义是____。

2．循着商业发展的历史轨迹，可以将商业的发展分为______、_______、______三个阶段。

3．商业业态是指____。

（二）简答题

1．简述商业中的“商人”论。

2．组织化商业是怎么产生的？第一次商业革命是在什么样的背景下发生的？

（三）案例分析

杭州百货大楼位于浙江省内最繁华的商业区杭州市武林广场东南侧，体育场路与延安路交汇处，同国际大厦购物中心隔延安路相望，并有天桥相连。1989年11月1日开业，新南楼于1999年11月1日开张后，总营业面积达22000m^2，南北楼贯通，整体外观造型新颖精美，内部线条流畅，光洁亮丽。进行全面装修后的杭州百货大楼是一家融现代商业气息、富有社会文化特色的大型综合百货公司。

杭州百货大楼坚持以中档为主、品牌经营的商品定位方针。在优质服务上，确立“百分之百为大家”的服务宗旨，公开承诺“不满意可退货”，推出“26条企业服务理念”、“56条优质服务措施”，包括无搬运送货服务、电话购物服务、情感回访服务、信贷消费服务等。为培育示范群体，展示窗口形象，杭州百货大楼推出“星级亮牌服务”及“服务标兵”，有效地推动百货大楼优质服务再上新的台阶。杭州百货大楼应用现代网络技术，全面实行计算机管理，实现了企业管理信息化。

开业二十余年来，杭州百货大楼以超常的发展速度，迅速崛起于中国百货业，经济效益连翻几番。目前已连续多年创利居全省同行首位，并进入全国百家重点商业前十位。同时，经过不懈的努力，杭州百货大楼也得到了社会公众的认同，拥有良好的声誉，以不断进取的企业形象，努力创建与国际先进零售企业管理接轨的民族名牌百货企业。

请问：1．杭州百货大楼的经营定位是什么？其服务宗旨是什么？

2．为什么杭州百货大楼能得到社会公众的认可？

二、实践部分

1．训练目标：同学们根据所学知识写一份关于当地百货大楼发展历程的心得体会（不超过 750 字），通过本次书写，加深对商业历史演变的认识。

2．训练准备：

（1）通过走访或在图书馆、网上查阅相关资料。

（2）完成周期：一个星期。

3．训练地点：由任课老师指定。

学习评价

被考评人					
考评地点					
考评内容	商业概念，业种和业态的异同点，业态的演化历史				
考评标准	内　　容	分值/分	自我评价/分	小组评议/分	实际得分/分
	商业概念	30			
	业种和业态的异同点	50			
	业态的演化历史	20			
合　　计		100			

注：1．实际得分=自我评价 40%+小组评议 60%。

2．考评满分为 100 分，60～74 分为及格；75～84 分为良好；85 分以上为优秀（包括 85 分）。

综合知识模块二

现代零售业态

能力知识点 1　现代零售业态的定义

“零售业态”一词来源于日语词汇，大约出现在 20 世纪 60 年代，原意是指店铺的营业形态，后被翻译为英文“Type of operation”，有人将其扩展为经营形态。

“零售业态”一词传入我国，始于 20 世纪 80 年代我国学者对日本零售业的介绍，在 20

世纪 80 年代末期开始有人用其分析我国零售业，20 世纪 90 年代中期被广泛使用。

能力知识点 2 现代零售业态的分类

一般意义上讲，现代零售业态的分类方法有很多。可以依据产品组合划分，还可以依据企业的目标市场定位、企业规模、运作方式、功能定位等划分。在当今理论界更倾向于依据产品组合来划分，大概有以下几种类型。

1. 百货商店

从 1852 年世界上第一家百货商店在巴黎诞生起，至今已 150 多年的时间，可见其历史之悠久。百货商店是零售业很重要的业态形式，至今生生不息。因为百货商店提供商品的种类众多，涉及人的衣、食、住等方方面面，能满足消费者的个性化需求，所以很受消费者的欢迎。但历史的发展提供了这样一个事实，由于经济水平的不断发展，以及消费者的消费观念的变化，向更高层次的消费行为看齐成为一种新的时尚，所以在百货商店的设计策划和营运操作中，更多的是由原来的大众化方向，向小康型，甚至富贵型转变。

2. 超级市场

超级市场的出现是零售业的一场革命，这场革命给人们生活带来的变化，尽管是和风细雨、潜移默化的，不像电灯、电话那样明显，但它的影响同样是深远并无所不在的。

在当代零售业中，超级市场是处于主导地位的，它以购物自选、商品种类繁多、价格低、综合性强来吸引消费者。在采购的过程中，它直接向生产商采购，减少了中间环节，从而降低了成本，因为自身对商品的销售能力强，也增强了自身向厂家压低价格的优势。超级市场一般采用统一采购、统一配送、统一核算、统一管理的方式经营。

3. 连锁店

连锁店是市场经济条件下，现代化大流通最具代表性的商业经营形式，是生产力发展到一定水平时，社会化大生产对社会化大流通的客观要求。从世界上第一家连锁公司诞生至今，连锁经营走过了 140 多年风风雨雨的历程，并以其自身独具的“以利而连、以管而锁”的优势，不断兼收并蓄各种营销策略而风靡世界。连锁店的本质是通过企业内部的分工协作或企业与企业之间的分工协作，以提高零售业的组织化水平，获取竞争优势的经营方式。连锁店的成立改变了单个商店单兵作战，在经营、管理、组织上“小而全”的低水平分工、低效率营运的局面，实现了多个网点的合成作战，形成了经营、管理、组织上的高水平分工和高效营运。连锁店由总部、门店和配送中心构成。其中，总部是连锁店经营管理的核心，其职能主要是市场调研、商品开发、促销策划、采购配送、财务管理、质量管理、经营指导和教育培训等；门店是连锁店的基础，其主要职责是按照总部的指示和服务规范的要求，承担日常销售业务；配送中心是连锁店的物流机构，承担着各门店所需商品的进货、库存、分货、加工、集配、运输和送货等任务。

4. 仓储式商店

仓储式商店是一种集商品销售和存储于一体的零售形式，这种商店规模大、资金投入少，大多利用废弃不用的仓库、厂房营业。场内无豪华装饰，以简洁自然为特色。仓储式商店是零售业的后起之秀，继承和发展了大型百货、综合超市的营业特色。它主要经营生活资料，价格低廉、销储合一，服务项目少，消费者大量购买。地址一般选在郊区靠近城里的地方，有大型的停车场，其目标市场定位多在中低档次。

5. 便利店

便利店是一种以消费者自选为主，销售应急性的食品、日常生活用品和提供有偿性服务，以满足消费者便利快捷性需求为主要目的的商业业态。它的营业面积在 40～150m^2 左右，经营品种在 2000 种左右，靠近居民区，营业时间一般在 12h 以上，甚至是 24h 营业，全年开业，地点灵活，弥补了销售真空。便利店起源于美国的南陆公司，目前在世界发达的国家和地区中，尤其是在亚洲的日本和我国的台湾地区，便利店已经成为最具有竞争力的商业业态。便利店作为一种商业业态，它具有与百货商店、超级市场、购物中心不同的特点，便利店主要是满足消费者所有例常性购买或便利品购买的需求。除食品外，便利商店还用近乎 1/2 的空间来销售非食品项目，而超级市场只是在满足消费者的食品及日常生活用品的需求。

6. 购物中心

购物中心是多种零售店铺、服务设施集中在由企业有计划地开发、管理、运营的一个建筑物内或一个区域内，向消费者提供综合性服务的商业集合体。它是集商店、娱乐场所、快餐店于一体的综合性的消费场所。在购物中心，消费者不仅可以购买生活用品，而且还可以享受到吃喝娱乐等服务。

7. 网络商店

网络信息技术正在影响社会经济的活动方式和人们的生活节奏。随着网络商务（电子商务）魅力的日渐显露，虚拟企业、虚拟银行、网络营销、网上购物、网上支付、网络广告等一大批前所未闻的新词汇正在为人们所熟悉和认同，这些词汇同时也从另一个侧面反映了与计算机网络相关的经济活动正在对社会和国民经济产生影响。网络商店，从字面意义上看，它是互联网世界里的一种商业业态模式。个人或企业通过建立自有网站（即网络交易平台）或者借助于第三方提供的网络交易平台展示产品，并通过电子支付系统完成物权的转移，同时借助于现代物流系统把商品或服务送达到消费者处。如淘宝网中门类多样的网络商店，丰富了人们购物的途径，可以使消费者足不出户，轻松购物。

想一想

按照其他标准，零售业态还可以怎么分类？

2．我国零售业的发展特点有哪些？

（三）案例分析

我国是发展中国家，国民经济增长与社会发展变革具有较强的后起性。源于西方发达国家不同经济发展阶段的零售业态，随着改革开放几乎在同一历史阶段涌入我国零售市场，相互同台竞技，原有的时空层次被完全掩盖，其结果只会是多种业态相互混战，在浅层次上多元并存，低效率、低利润运营。

近10年来，我国一些新型业态的导入基本上按照“照搬照抄”的方式进行，其结果是没有学到其精髓。如超级市场，除商品大类结构、品种、数量没有太大差别之外，国内超市与外资超市的营业额、客流量、人效、地效等的差距十分明显。现代零售业态的变迁与创新，不仅仅是业态形式的变化，更是市场细分及营销组合不断调整的结果。当前，外资零售商的进入主要凭借资本和技术优势，一旦完成“本土化”战略转变之后，国内超市的本土优势将不复存在，如果不及时进行科学定位，将遭受致命打击。例如，我国连锁超市的档次定位非常模糊，几乎所有的连锁超市都面向全部消费者，没有形成一定的档次，这在超级市场发展初期是可以理解的，但随着超市不断普及，不同收入的消费者对业态组合的具体要求将发生变化。像我国上海、北京、深圳等发达地区的超市定位在中档的过分集中，缺乏“优质高价”和“价廉物美”的超市。

请问：我国的超级市场为什么没有进行市场细分？后果是什么？

二、实践部分

1．训练目标：同学们走访一家连锁店（如服装类等），通过走访了解连锁店这种商业业态的经营模式、盈利模式等。

2．训练准备：

（1）通过走访收集一手资料并分析整理，重点理解连锁的概念。

（2）完成周期：一个星期。

3．训练地点：由任课老师指定。

学习评价

被考评人					
考评地点					
考评内容	零售业态的概念，零售业态分类，我国零售业发展的历史				
考评标准	内　容	分值/分	自我评价/分	小组评议/分	实际得分/分
	零售业态的概念	30			
	零售业态分类	50			
	我国零售业发展的历史	20			
合　计		100			

注：1．实际得分=自我评价40%+小组评议60%。

2．考评满分为100分，60～74分为及格；75～84分为良好；85分以上为优秀（包括85分）。

第二单元　百 货 商 店

本单元学习导引图

百货商店
- **百货商店概述**
  - 百货商店的定义及特征
  - 百货商店的发展
  - 百货商店的变革创新
- **百货商店的经营与管理**
  - 百货商店的合理定位
  - 百货商店的选址技巧
  - 百货商店的定价规则
  - 经营百货商店的三条基本原则

学习目标

本单元介绍有关百货商店的定义及特征，并介绍了百货商店的历史变革、营销策略、市场目标、选址技巧和定价策略。

综合知识模块一　百货商店概述

能力知识点1　百货商店的定义及特征

百货商店是指经营包括服装、家电、日用品等众多种类商品的零售商店业态。不同国家对百货商店有不同的规定。根据我国原国内贸易局出台的《零售业态分类规范意见（试行）》，对百货商店的特点要求如下：

1）选址在城市繁华区、交通要道。

2）商店规模大，营业面积在 5000m^2 以上。

3）商品结构以经营男装、女装、儿童服装、服饰、衣料、家庭用品为主，种类齐全、少批量、高毛利。

4）商店设施豪华，店堂典雅、明快。

5）采取柜台销售与自选（开架）销售相结合方式。

6）采取定价销售方式，可以退货。

7）服务功能齐全。

能力知识点 2　百货商店的发展

百货商店是零售业第一次重大变革的标志。自 1852 年在法国诞生以来，百货商店风靡了半个多世纪，到 20 世纪 50 年代，西方传统百货商店从成熟期步入衰退期，多数企业面临经营困境。

造成传统百货商店经营困难的原因主要有：

1）百货商店之间竞争激烈。

2）其他零售业态迅速成长起来，纷纷蚕食百货商店的市场份额。

3）选址在城市中心，由于人口向郊区迁移，城市交通拥挤，停车困难，人们去市中心百货商店购物的欲望逐渐降低。

4）对价格敏感的消费者比过去任何时候都多，他们被折扣商店所吸引。

5）传统百货公司不注重对消费者的市场细分，经常改变战略方向，或其管理过于分散化，导致在消费者心目中的形象过于模糊。

我国百货商店的发展历程大致分为以下四个阶段：

1）第一家百货商店诞生于 1900 年，即俄国人在哈尔滨开设的秋林公司。目前，秋林公司仍在正常营业，已过百岁，是我国最为古老的百货商店。20 世纪初，若干家百货商店相继在上海开业，如先施百货、永安百货、新新百货等，形成南京路上百货商店三足鼎立的局面。

2）中华人民共和国成立后到改革开放的 20 世纪 80 年代末期，是百货商店发展的黄金时期。它们靠短缺环境、垄断政策、中心地段就可财源滚滚，创造了一个行业几十年“只赚不赔”的神话。进入 20 世纪 90 年代以后，尤其是在 20 世纪 90 年代中前期，百货商店进入鼎盛发展时期。这一时期，由于居民收入、购买力大幅度提高，消费需求空前旺盛，市场商品极大丰富，使百货业成为一个高增长、高利润、高回报的新的投资热点。百货商店因而成为零售业中发展最成熟的业态。

3）1995 年以来，由于新业态的崛起、外资的进入以及百货商店本身经营守旧、不思进取等诸多原因，其经营状况与从前相比不可同日而语。1996 年，在 212 家大型商场中，199 家商场的利润出现了有史以来的负增长。1997 年，在 249 家大型商场中，利润同比下降了 0.6%，亏损面达 12.4%。据中华商业信息中心对 239 家重点大型商场的监测结果，1999 年有 149 家商场利润出现了负增长，亏损企业达 72 家，亏损面近 30%。2000 年以后，我国的百货商店更是举步维艰，难以为继。

4）2004 年以来，我国多数百货商店的业绩出现了不同程度的下滑。以南京市的百货商店为例，新百本部销售额为 12663.51 万元，2003 年同期的数字是 14991.69 万元，下降

15.53%；中央本部销售额为 13869 万元，2003 年同期数字是 15594 万元，下降 11.06%；东方百货销售额为 2438 万元，2003 年同期数字是 2897.84，下降 15.87%。

销售额的下降有很多客观原因，如原来的强势商品销售被分流、消费者理性对待黄金周消费、2003 年非典的影响等。

我国的百货商店是否与西方发达国家一样步入了衰退期，对此问题各方持不同观点。尽管不少人对我国百货业的发展持悲观态度，但许多学者仍然认为我国百货商店尚未进入“衰退期”，而只是处于“成熟期”。具体原因如下：

1）百货业态的主体地位虽发生动摇但仍未改变。近几年百货公司总体业绩不佳，然而它们仍占据零售业的主体地位。2010 年，中国连锁百强企业中共有 35 家主营百货的连锁企业，其销售额和店铺数量平均增幅为 23.2%和 18.5%，明显高于连锁行业平均水平。例如，大连大商股份公司 2010 年实现营业收入 243.43 亿元，增长 15.03%；截至 2010 年底，该公司共拥有百货店约 73 家，其中 2010 年新开 6 家。

2）国外城市居民不如中国这样集中在市区。中国人比较倾向居住于市区，再加上大量的农村人口涌入城市，导致中国城市的人口密集度比较高，这是百货商店发展的一个很好条件。

3）中国百货商店走过的道路与国外不同。中国百货商店是在计划经济下奠定的基础，改革开放后消费潜力急剧增长出现百货商店的盲目开设。如今，中国由“短缺”经济进入相对“过剩”经济，消费者购买力的增速也开始有所减弱。在这种外部环境下，势必导致百货业进行大调整，这是正常的现象，而不是已走到了尽头。

4）中国的消费习惯和国外不同。在国外由于工作节奏比较快，人们去购物大多是一次完成。而在中国，人们历来有逛商场的习惯，特别是女性，甚至把节假日逛街作为一种休闲娱乐。这不能不说是百货商店发展的必要保障，对中国百货零售业的生存起着必不可少的支持。尽管我国百货业目前因竞争激烈而难以经营，但应该看到，无论是在国外或在国内，百货商店将是零售领域的一种基本业态形式，一些百货公司通过实现规模化经营取得了较好的经营业绩就说明了这一点。中国商品消费市场潜力巨大，百货商店通常地处城市商业繁华中心，作为城市窗口，“引领生活时尚，美化居民生活”，在中国零售业中仍具有某种不可替代的地位。

想一想

百货商店的衰退期是否真的到来了？

能力知识点 3　百货商店的变革创新

中国传统百货商店在市场竞争中处境堪忧、举步维艰确实是不争的事实，但百货时代并没有结束。任何商业组织的发展必须同社会经济环境的变化相适应，才能继续存在和发展，否则就将不可避免地被淘汰。

百货商店是这样，其他零售业态也是这样。因此，如何变革创新、顺应时代发展潮流成为中国百货商店存在和发展急需解决的问题。

每一种业态之所以能够成立，是因为其具有区别于其他业态的明显特征，即使同一业态之间，其目标市场也显示出差别化的特点，市场的细分与定位使各种业态和商店能更好地服务于自己的目标市场，吸引不同的消费群，提供不同的价值点。因此，百货商店这一业态虽然已进入了成熟期，但仍然存在一定的发展空间，尤其在现阶段，中国商业繁华中心仍是消费者首选的购物地点，百货商店占据的地理位置优势仍然可以保住一定的市场份额。不容忽视的是，如果百货商店沿袭传统的经营路线，定位不准，毫无特色，则很难走出经营困境。如广州仟村百货的消失，提出的口号是“超市+名牌”，而实际上既不像地道的超市，名牌产品也并不多见，其之所以陷入经营困境，正是因为定位不准，经营特色不明显。因此，不同的百货商店必须错位竞争，各自形成鲜明特色，才能在竞争中互相促进，而不是互相取代。例如，西尔斯提出其“柔和的一面”，太平洋倡导“流行的领导者”，马狮集团则为单一品牌百货公司，诺顿被称做“服务的典范”。这些知名的百货商店，无不建立了鲜明的经营特色，培育了自己忠实的消费者群。

事实上，作为成熟业态的百货业走下坡路，西方发达国家早已经历过，一些百货公司就此一蹶不振、破产倒闭，而另一些百货公司则积极进取、不断创新，依旧在零售业叱咤风云。不甘退出历史舞台的百货商店纷纷进行一系列改革：进一步明确市场定位；进一步突出顾客服务和销售人员服务；推出令人激动、组织得更好的店内环境和商品展示，并经常加以改变；通过缩小商店的营业面积和削减周转慢、占据空间大的商品提高营业空间利用率；在较小的发达城镇和购物中心开设分店；强化采购和促销功能，更有效地接近消费者。上述改进措施将有助于传统百货商店再次收复市场份额，特别是从专业服装服饰店中收复市场份额。

想一想

在百货商店变革的过程中，我们应该借鉴国外的哪些经验？

活动建议

1. 百货商店对大家来说并不陌生，如北京王府井步行街的百货大楼等，大家结合本地实际情况，并以查阅历史资料和实地走访相结合的方式，尽可能详细地了解本地百货大楼发展的古今，根据自己的判断，以文字的形式发表对百货商店这个商业业态发展方向的看法。

2. 不限定字数，要有自己的核心观点。

举一反三

一、理论部分

（一）填空题

1. 根据我国原国内贸易局出台的《零售业态分类规范意见（试行）》，对百货商店的特点要求有：①____________________；②____________________；③____________________；④____________________；⑤____________________；⑥____________________；⑦____________。

2. 世界上第一家百货商店诞生在__________。

3．我国百货商店诞生于＿＿＿＿＿年，即＿＿＿＿＿＿＿＿＿＿＿＿＿＿＿＿＿＿＿＿。

（二）简答题

1．简述造成国外百货商店经营困难的主要原因。

2．较之于国外的百货商店，我国的百货商店还处于“成熟期”的具体原因有哪些？

（三）案例分析

哈尔滨秋林集团股份有限公司是一个历史悠久、驰名中外的老字号企业，创建于1900年，先后由沙俄资本家、英国汇丰银行、日本商人和前苏联政府经营，1953年10月有偿移交我国。秋林接收经营后，为适应市场经济需求，满足人民生活，先后进行了4次扩建改造，现已发展成为一个以商业为主的集团化、现代化大型商业零售企业，是黑龙江省唯一的一家商业上市公司。

秋林集团地处哈尔滨市繁华的商业中心，拥有秋林公司（老楼）和秋林时代购物广场两大商场，总经营面积80000m^2，下属公司有秋林食品厂、秋林糖果厂、经济贸易公司、广告公司等。

公司始终坚持“顾客第一、服务第一、信誉第一”的宗旨，以现代市场运作的方式制定公司制度和流程，以现代商业理念提升服务，以差异化竞争优化商品结构，以百年秋林文化基因的弘扬和创新来建立新的企业文化和价值，以现代人才观建设团队，使秋林成为名副其实的百姓秋林。公司曾先后荣获全国文明经营示范单位、国家质量管理奖、全国“五一”劳动奖状、中国商业名牌企业等各种荣誉称号，并被命名为“中华老字号”。

请问：秋林公司为什么会成为百年老店？在发展过程中它自身有哪些改进？

二、实践部分

1．训练目标：百货商店是零售业第一次重大变革的标志，要深度理解百货商店的定义及发展历史。

2．训练准备：

（1）走访一家百货商店，并查阅相关详细资料。

（2）完成周期：一个星期。

3．训练地点：由任课老师指定。

学习评价

被考评人					
考评地点					
考评内容	百货商店的定义，百货商店的特征，百货商店在中国的发展阶段				
考评标准	内　　容	分值/分	自我评价/分	小组评议/分	实际得分/分
	百货商店的定义	30			
	百货商店的特征	50			
	百货商店在中国的发展阶段	20			
合　　计		100			

注：1．实际得分=自我评价40%+小组评议60%。

2．考评满分为100分，60～74分为及格；75～84分为良好；85分以上为优秀（包括85分）。

综合知识模块二

百货商店的经营与管理

能力知识点1 百货商店的合理定位

一、选择合适的市场

人们需要的多层次特点，商品世界的丰富多彩，为每一家百货商店的市场选择提供了现实可能。人们的需要是多元化的，无论是哪一家百货商店，都很难满足一个消费者的所有需要，也不是某一家百货商店就能满足所有消费者的需要。

根据地域划分，既可为自己的百货商店选择中心地区的顾客，满足他们的需要，也可以按照顾客群体的消费观念和消费水平，确定自己百货商店的经营范围，是重点针对有钱人开店，还是重点针对一般老百姓。百货商店对顾客群体的选择，主要是按照他们的经济收入来划分的。实际上，哪怕他们的生活中有细小的差别，也会影响到他们的消费习惯和消费行为。为此，可以把顾客分成三类，即高收入顾客群、中收入顾客群和低收入顾客群。

应该看到的是，上述分类法不是绝对的。事实上在高收入和中收入之间存在一个游离群体，中收入和低收入之间有一个中间部分群体。在特定的情况下，各种收入的顾客又是互相转化的。高收入者有时具有中收入者的消费行为，中收入者有时具有低收入者的消费行为。反之，低收入者有时也具有中收入者的消费行为，中收入者有时也具有高收入者的消费行为，甚至高收入者和低收入者之间也会发生反串的情况。

马斯诺的需求层次理论告诉我们，由于经济水平的不断发展，消费观念的替换，向更高层次的消费行为看齐成为一种新的时尚，所以在百货商店的设计策划和营运操作中，更多的人是由原来的大众化方向，向小康型，甚至富裕型转变。

二、选定营销策略

百货商店的营销策略以前面分析的条件和因素作为支撑点。在经营一个地区性的百货商场时，决策者应该根据主客观因素，特别是客观条件的制约，作出切实可行而又富有创意的选择。产品范围和顾客服务、定价、主题、促销开支在同一条水平线上是对等的关系，但有时也会出现例外。因为随着社会的发展，经营、促销的手段和方法的不断更新，对产品档次低的商品也需要采用档次较高商品的促销策略。

三、确定科学的目标

确定目标在百货商店的设计策划和营运操作中占有重要的地位，它需要商店经营者自始至终保持清醒的头脑、良好的状态，随时作出合理的调整。在设计策划过程中，对开店营业存在的营销机会的分析，是确定目标的第一步。

1）分析百货商店的顾客结构和规模。一般情况下，百货商店的顾客主要是家庭妇女，在一定区域内，家庭主妇与人口总数的比例往往是决定性的因素。如果没有一定数量的固定的家庭主妇购买群，百货商店的营销机会便会大大降低。在百货商店的顾客群体中，购买圈入门总数也是至关重要的。换一句话说，如果商圈内的主妇在总人数中只占 1/10，固然不好，但假如主妇比例达到 1/3，但总人数过少也是不行的。另外，在顾客群体中，地区流动人口的总量和频率有时也会给百货商店的营销机会带来影响。

2）交通条件对营销机会的影响。开店营业应兼顾商店与车站的距离、道路的畅通状况、货物搬运的难易程度等顾客到达商店的交通情况及商店所处位置对顾客率先购买可能带来的影响。总之，交通条件的好坏是两个方面的，既要考虑进货渠道的畅通，也要考虑顾客购买的方便快捷。

3）商店所处地区对商品的需求状态。要分析百货商店所在区域内居民的消费水平、消费动态。不同国家、不同地区的社会发展水平不同，人们的生活水平不一样，富有的人和穷困的人各自的消费水平和消费观念各异，即便是同一座城市，不同群体的消费水平和消费观念也有明显的差别。开店营业的直接目的是最大限度地增加营业额，如果脱离了人们的实际消费需求，闭门造车，显然是不行的。另外，必须注意的是，居民群体的消费水平和消费观念是一个动态的指数，并非是一成不变的，商店营销者更应随时吸收新的信息观念，综合分析变化的情况，随时调整自己的战略部署。

4）商店所处区域内现有的商品供应状态。商品供应的畅通渠道是营销畅通的保障，要分析在自己所处的区域是否有固定可靠的商品供应系统，商品供应商的办事效率和信誉程度都可能对营销状况产生影响。

5）影响百货商店商业营销机会的因素是竞争对手的情况。竞争对手有的是直接的，它们所处的位置同自己接近，经营的商品种类和范围同自己相似，在这种情况下，获取大量市场份额的方法便是良好的竞销策略。竞争对手有的是间接的，它们在所处位置或经营范围方面既有相同之处，也有不同之处。为了获得更大的市场份额，对那些同自己经营范围相同，但位置较远的商家，自己要同位置较近的同类商店携手共进，扩大地域位置的商品竞争力；而对那些位置较远，但经营范围有差别的商店（如专卖店、自选市场等），最有效的方法就是加强内部管理，形成自己独特的风格，树立独特的企业形象，从而招揽更多顾客，扩大销售份额。

想一想

合理定位对百货商店的重要性。

能力知识点 2　百货商店的选址技巧

一、商圈规模

从商圈规模看，以拥有 2 万人按三口之家来计算，约 7000 户家庭，具有如此人口规模的地区和地域为最佳地段，商圈内的市场占有率应以20%为基准。为实现企业的经营目标，百货商店要在选定的区域内凭借其现有实力获取较强支配力，或者百货商店具有占据支配性地位的潜力。作为百货商店，要争取使自己的店铺成为该地域最强的店铺。

二、周围环境

了解周围的交通状况，是否接近主要公路，商品运至商店是否方便，交货是否方便，交通网络对商店重型运货车的负载能力，交通拥挤状况等情形。同时，还要了解店址所在地的采光条件、噪声污染程度、绿化状况、店门面前路面是水平还是斜坡等方面的情况。

三、邻店类型

选择邻店，主要看本店与它们是否兼容，是否能互相促进、协调发展。选择邻店基本有两条途径：一是商品组合相互补充，如百货店、油漆店、汽车零配件店相邻设置，满足顾客“一揽子”购物需求；二是价格相互补充，高低并存，能满足各阶层购物需求，增大客流量。

四、竞争战略

对商圈范围内的竞争对手，可以采取三种竞争战略。

（1）包围战略：从面上展开对竞争对手的包围，达到相对于竞争对手的绝对优势。

（2）差别战略：推出自己最有竞争实力的营业项目，且这种营业项目不易被竞争对手仿效。同时，不断地对店铺进行改革和调整，保持店铺的活力与特色的领先。

（3）先发制人战略：在发现某块未经开发但极具潜力的商业地段时，抢先一步进入，随后制造各种进入障碍，抑制其他店铺的侵入。

五、营业对策

从营业对策上看，百货商店应成为一种能对居民日常生活发挥作用、扎根于地域的店铺，它应能为居民提供一种“丰富、便捷、快乐”的服务。为达到此目的，百货商店要在店铺规模、卖场特点、建筑物、形象、硬件设备、运营方式等方面加以适当安排。

六、场地特点

若是土地，则要考虑土地面积的形状是否与百货商店类型相符，不符的话有无改良措施。若是房屋，则要考察原始建筑的构造、材料、立体造型及其可塑性范围。同时，要了解有关城市建设发展规划要求，以避免损失。还要详细了解该地点的交通、市政、绿化、公共设施、住宅及其他建设或改造项目的近期、远期规划。

七、交通因素

百货商店的店址应该着眼于人口增加地区和新兴住宅区，以及靠近住宅区并与住宅区相连接的地区、地域，该地区或地域应该具有较强的商业发展潜力，店铺所在位置的地势状况不应受河流、铁路、干线道路的阻断。

八、实战经验

通过分析百货商店的选址战略及相应措施，可以更深刻地体会到店铺选址战略的实质和内涵。

九、专家意见

通常采用专家评选法。由富有经营管理经验的商店经营者与对店址问题研究有素的专家学者组成评估小组进行周密讨论。在讨论时，将所有调查材料发给各位成员，让他们就所投资的商店的目标和调查材料充分交流意见。在意见表达充分后，以口头、举手、投票、评分等形式对各方案进行表决，由此，几经运筹的店址最终可以通过这些复杂细致的工作寻找到最佳的方案。

另外，还要考虑其他的因素。例如，对于百货商店具体地点的选址，除了大量的调查外，具体落址时还需考虑一些细节：可见度是百货商店被往来行人或乘车者所看到的程度。场所可见度越高，商店越易引起客流的重视，他们来店购物的可能性就越大，因此选址时要选择可见度高的地点。如选择两面临街或三面临街的十字或三叉路口，可见度就高。

想一想

影响百货店选址的核心因素是什么？

能力知识点3　百货商店的定价规则

一、九九尾数定价法

西方零售商根据顾客消费心理采用了这种定价方法，指商品销售价格的尾数采用九九而不取整数。今天这种方法也在我国市场上得到应用。九九尾数法对于顾客来说，可以引发意想不到的心理感觉：①该店铺核定销售价格认真、准确，即使差这么一点也不将其凑成整数。②使顾客感到商品比较便宜，采用此法可以促使顾客产生购买欲。

采用九九尾数法时要注意以下几个问题：

1）不能任意抬价，而要适当让利。顾客买尾数九九商品有一个求廉心理，针对这种购买动机，让利是非常有效的。

2）单价不一的商品可以组合定价。零售商把各种规格的缝衣针和线装在一个盒里；把用来定型的啫哩水和洗面奶配套销售。

3）千元商品尾数不宜定到9角9分。应按我国的消费习惯，千元商品定价到元，不宜全部定价到角。找零钱对顾客和营业员都会增加不必要的麻烦。

4）在某些少数民族聚集地区，一般都以整数计价，不宜采用九九尾数法。

5）九九尾数不宜硬凑，相差悬殊不要凑成，不然会损害消费者利益，或使商品正当权益受损。

6）在我国，近年来硬币、分币紧缺，九九尾数可适当调整为9元9角、99元等不同形式。

二、整数定价法

对于耐用商品、高档商品宜采用整数定价策略，给顾客一种“一分钱一分货”的感觉，借以提高商品的形象。

美国的一位汽车制造商公开宣称，要为世界上最富有的富翁制造一种大型高级豪华轿车。这种车有6个轮子，长度相当于两辆卡迪拉克高级轿车，车内有酒吧和洗澡间，价格定为100万美元。为什么一定要定个整数价呢？这是因为，高档豪华的超级商品购买者一般都有显示其身份、地位、富有、大度的心理欲求，100万美元的豪华轿车正迎合了这种心理。

三、非整数定价法

专家们把商品零售价定成带有零头结尾的非整数的做法称为“非整数价格”。这种定价是极能激发消费者购买欲的价格。这种策略的出发点一方面是认为消费者在心理上总是存在零头比整数价格低的感觉，尾数价格似乎是经过仔细核算的，是一种负责的态度；另一方面则根据一种喜廉的心理作用。

商业心理学家曾作过专门调查，发现标价49元的商品总是比标价50元的商品好销售；标价100元的也总不如标价98或99元的好销。此外5元以下的价格，末位数字是9的定价最受欢迎，如3.90元；5元以上的价格，末位数是95的定价销售最佳，如9.95元或14.95元。

一家日用品百货店进了一批梳子，以每个1元的价格销售，可购者并不踊跃。无奈店铺老板决定降价，但考虑到进货成本，只降了2分钱，价格变为0.98元。想不到就是这2分之差竟使局面转变，买者络绎不绝，梳子很快销售一空。

在英国某店铺里，一些商品标价往往以“99”作为尾数。如一盘磁带为99便士（0.99镑），一条普通的腰带为1.88英镑，一双女士皮凉鞋为12.99英镑，一架佳能AE—I型135照相机为199.99英镑，一台20ft的索尼彩电为399.99英镑。

实践证明，非整数定价法确实能激发出消费者良好的心理呼应，获得明显的经营效果。因为非整数价格虽与整数价格相近，但它给消费者的心理信息是不一样的。比如前面的例子中，1元和0.98元这两种价格反映到人们的头脑中，让人首先想到的是：这东西要1元钱，这东西还不到1元钱。由于人们常常更习惯于注意价格数量的不同，而忽视绝对值的差别，所以总觉得不到1元的东西就是比1元的东西便宜很多，因此就容易作出购买决定。

此外，带有零头的非整数价还能给消费者一种“定价准确合理”的印象，他们常常认为这种价格是经过仔细计算得出来的，自然就容易产生信任感，从而作出购买决定。

四、弧形数字定价法

在国内的部分大型超市中的调查发现，其商品定价时所有的数字，按其使用的频率排序，先后依次是5、8、0、3、6、9、2、4、7、1。这种现象是有意为之的。其根源是从顾客的消费心理来讲，带有弧形线条数字（如5、8、0、3、6）似乎不带有刺激感，易为顾客接受；而不带有弧形线条数字（如1、7、4等）比较而言就不受欢迎。所以在商场、超市商品销售价格中，8、5等数字最常出现，而1、4、7则出现次数少得多。

在商业经营中，定价时尽量有意识采用弧形数字，利用这种顾客的消费心理，满足顾客欢心，尽量回避以1、4、7数字标价。例如，一件标价1000元的商品，顾客看了可能产生贵的感觉；标价997元，有削价之感，而7这个数字让人感觉不舒服；如改为990元或980元，则产生便宜和舒适之感，使其产生购买欲望。

弧形定价法可以给我们一些启示，也就是利用谐音。例如，广东话中“8”与“发”谐音，所以广东人喜欢带“8”的数字，并会有发财的好运。为此，“8”字的使用现已普及全国，以图吉利。“4”与“死”同音，为人忌讳。“7”字给人们的一般感觉是不太舒心，所以防止多次使用和重复出现。又如“6”字，中国有六六大顺的说法，比较受欢迎。所以在学习外国对商品价格的数字运用中不能一味照搬照抄，要符合我国顾客消费心理加以运用。

五、安全定价法

安全定价法又称“满意价格策略”，是介于两者之间的中位价格策略。对一般商品来说，价格定得过高，不利于打开市场；价格定得太低，则可能受到损失。因此，最稳妥的是定得适中，市场风险相对较小，既可以在一定时期内收回投资，并有适当利润，又能使消费者有能力购买，推销商也便于推销。

在构成方面，安全定价通常是由成本加正常利润构成的。例如，一条裤子的成本是 80 元，根据服装行业的一般利润水平，期待每条裤子能获 20 元的利润，那么，这条裤子的安全价格为 100 元。安全定价，价格适中，但并不等于安全定价使大家都满意，一点风险也没有。在实际操作中，如果企业商品有一定的商业信誉和质量保证，款式不陈旧，包装、服务也不落后，则安全定价是可靠的。相反，如果企业产品谈不上什么信誉，质量没有三包，即使安全定价也不安全，可能会出现高不成、低不就的问题。追求名牌、高档次的消费者嫌你的产品档次太低，讲求实价的消费者又嫌你的价格偏高，两头不讨好。不过要使安全定价法真正安全，真正使人满意，最根本的还要以店铺完善的经营和服务作为后盾。

六、分级定价法

商品价格是否合理，关键要看顾客能否接受，只要能接受，价格再高也行。所以定价时，先要考虑顾客的购买力。以此为依据，把商品按不同级别、档次分别定价，使顾客便于分级购买，各得其所，并产生一种合理可信之感。

现在不少企业盲目提高商品的档次，试图以高档次、高规格、高价格取胜，大家也许已经发现店铺中价格昂贵的“高档”商品，豪华娱乐场所价格昂贵的“高档”服务中心比比皆是。目前我国大多数人的收入水平还比较低，支付能力有限，而这些“高档”商品发展太多，终究会销路不畅，到头来还得“忍痛割爱”，降档削价。

李先生 1958 年来到巴黎继承企业，经过 20 多年苦心经营，把一个当时只有 6 名工人的小厂发展成为当今法国第二大皮件厂。产品不仅畅销法国，且远销瑞士、美洲等地。李先生生财有道，在制定产品销售价格时，总是考虑顾客的购买能力，然后再定采取何种策略。他认为高中档商品定位过低，顾客反以为质次。例如，他生产的皮带就是把握法国人的高、中、低收入来定价的。低档货适合低收入者的需要，定 5 法郎左右，用料是普通牛、羊皮，这部分人较多，就多生产些。高档货适合高收入者的需要，定在 500~800 法郎范围内，用料贵重，有蟒皮、鳄鱼皮，但这部分人较少，就少生产些。有些独家经营的贵重商品，价格不封顶，因为对有些人来说，只要是他喜欢的，价格再高也会购买。中等货就定 200～300 法郎上下。李先生有一个观念：“先有价格，后有商品。”在他看来，定价就是要根据顾客的需要和可能加以确定，也即要算算顾客能从口袋里拿出多少钱。如果超过承受能力，那么，再好的产品也是不会有人买的。

七、声望价格法

在顾客心目中，有声望的企业、店铺或是品牌的商品，可以把价格定得比一般同类商品略高；有时为了创出优质的品牌形象，也可以使本企业的优质产品比其他企业的同类产品定价略高些。

美国凯特比勒公司是以优质产品和一流服务著称而走红的。该公司的产品价格通常较其他同类产品高出5%到10%，但是销售依然有增无减，原因何在？该公司生产和销售牵引机，它的定价方法十分奇特，一般牵引机的价格均在2万美元左右，而该公司却卖2.4万美元，虽然高4000美元，却卖得更多。原来，他们有一套说服人的妙术。

当顾客上门时，看到报价当然要问，为什么贵公司牵引机的价格要比别家高出那么多呢？这时，公司的经销人员就会列出账单给你算一笔账，见表2-1。

表2-1 美国凯特比勒公司列出的账单

价格	理由
20000美元	是与竞争者同一型号机器一样的价格
3000美元	是因产品更耐用而多付的价格
2000美元	是产品可靠性好而多付的价格
2000美元	是本公司服务更佳而多付的价格
1000美元	是保修期更长而多付的价格
28000美元	是上述应付价格的总和
4000美元	是折扣
24000美元	是最后价格

这么一笔账明白地告诉客户，根本没多收你一分钱，而是你花了24000美元买了一台值28000美元的牵引机。是你占了便宜，而非公司攫取了暴利。从长远看，购买这种牵引机的成本比一般牵引机的成本更低。他们只要付24000美元，就能买到价值28000美元的牵引机一台，得到了整整4000美元的折扣。当然顾客最终选择了比勒公司的牵引机。

八、高价法

高价法是指在新商品开始投放市场时，把价格定得大大高于成本，使企业在短期内能获得大量盈利，好像把牛奶上的一层奶油先取走，以后再根据市场形势的变化来调查价格。这是因为在新产品投放市场初期，产品的价格需求较小，又有专利权保护，竞争对手较少，市场提供了可定高价的条件。

某旅游产品经营部，销售小巧玲珑的白瓷熊猫。时值“熊猫热”，标价每只人民币20元，五天未销一只。而来柜看货的华侨和游人却不下10批。店老板感到费解之余，灵机一动，下令将销价调到每只人民币160元。营业员笑他“疯了”。他说“试试看吧”。不料次日一天就销售了4只，不到两星期100只全售光了。

某店购进少量中高档女外套，进价580元一件，该店见这种外套用料做工都很好，颜色款式也很新颖，在商场上还没出现过，于是定出1280元一件的高价，居然很快就销完了。

1945 年的圣诞节前夕，为了欢度战后第一个圣诞节，美国居民迫切希望能买到新颖别致的商品作为圣诞礼物。某公司审时度势，将新研制生产的原子笔推向市场，每只笔的成本是 0.5 美元。但专家们认为，这种商品在美国市场上第一次出现，奇货可居，且无竞争者，于是每只原子笔的定价为 10 美元。尽管价格昂贵，但因其显得新颖别致、奇特高贵而风靡美国，在市场上十分畅销。

以上几例就是成功地运用了高价策略。但是采取高价法首先要求产品是奇货，最好是独家经营。记住一条法则：独一无二的产品才能卖出独一无二的价格。其次要求产品更优更新，质量优是高价策略的基础，次等品定高价，则是失败策略。产品新，消费者不明底细，高价法方能有效。再有就是购买者对价格不太敏感，如果你的目标客户敏感于价格，定个高价会把他们吓跑。

高价法能尽快收回投资，还能获取高额利润，但也有不少缺点。它是一种短期谋求最大利润的策略，适合于一些资金短缺的中小企业的应急措施，不利于树立企业形象，是短期行为。把价格定得很高，不利于打开和扩大市场，也容易引起众多的竞争者。如果再降低，则影响该产品的市场声誉。因此，采用此法时要从实际出发，权衡得失利弊，再作决断。

与高价策略相反，先将产品的价格定得尽可能低一些，使新产品迅速被消费者接受和迅速开拓市场，优先在市场上取得领先地位。由于利润过低，能有效地推掉竞争对手，使自己长期占领市场，并不断更新换代，树立品牌形象。这种方法是长久的战略，适合于一些资金雄厚的大企业。

几乎人人都知道薄利多销的生意经。对于一个生产企业来说，就是将产品的价格定得很低，先打开销路，把市场占下来，再扩大生产，降低生产成本。对于商业企业来说，就是尽可能压低商品的销售价格，虽然单个商品的销售利润较少。但销售额大了，总的商业利润反而会更多。

总之，薄利多销就是以廉价取胜。这种方法被广泛采用，几乎成了一个法则。事实上也确有不少商家以低价法产生了很好的促销效果。但是，薄利多销也是有条件的。并非任何企业、任何产品，对任何对象都能奏效。在应用低价方法时，应注意：

想一想

在你的生活中，遇到的最常见的定价法是什么？

1）市场潜力有限的商品慎用。薄利多销是以低价促销法为基础的，如果市场潜力有限，这个基础就不存在了。通常，如果一种商品价格下降 1%，而销售量增加 1%以上，这种商品的需求价格弹性大，一般是奢侈品。如果商品价格下降 1%，商品的销售增加量小于 1%，则需求价格弹性小，一般是生活必需品。对需求价格弹性小的生活必需品，价格定得再低，销售量也不能显著增加。因此，需求价格弹性大的商品不宜轻易涨价，而弹性小的商品则不宜轻易降价。

2）对追求高价位的消费者慎用。这类人追求名牌与气派，对商品的价格并不敏感，低价难以对他们产生促销效应。

3）高档商品慎用。高档商品的声誉与它的高价格息息相关，因为人们常抱有“一分钱一分货”的心理。

能力知识点4 经营百货商店的三条基本原则

百货商店要生存和发展，一要重视商品完善，二要重视服务的规范，三要有合理的服务品质评价体系。可以说，服务和质量是一家百货商店生存和发展的命脉。

一、完善的商品体系

百货商店的商品构成体系包括所营销商品的种类以及各类商品的规格、等级、花色、式样等内容。其中，商店商品的种类被称为商品的宽度，各类商品的规格、等级、花色、式样等被称为商品的深度。在实际操作中，又根据各商店对商品宽度和深度的组合方式不同，进行不同的分析。

对商品构成体系宽而深的百货商店，其特点是明显的，大概有以下几点：

1）市场拥有量大。

2）出售的产品种类、规格齐全。

3）顾客流动量大。

4）消费者在商店往往能一次性选购完成等。

5）商店形象一般化。

6）商品的周转率较低。

7）许多商品容易过时。

另外，这类商品构成体系，要求商店有很大的经营面积，同时以经营高、中档次的商品为主。

对商品构成体系为窄而浅的百货商店，其优点是：投资少；商品便宜；容易招揽顾客。但缺点尤为突出：商品种类有限，顾客少，形象微弱，容易使消费者产生失望情绪。对这种商品构成体系，只有在特殊场合、特殊状态下才能开办百货商店。

对以商品构成体系为宽而浅的百货商店，其优点为：市场大；顾客流量大；投资适度；多数消费者都能一次选购完成；商品价格较低，容易招来顾客。其缺点是：花色品种少；满足顾客需求的程度有限；形象较弱；会令一些顾客失望等。这种体系较适宜经营中、低档商品。

对商品构成体系为窄而深的百货商店，其优点是：商店形象专业化；特定商品的种类充分；总体投资适度；服务人员专业化；能满足特定消费者群体的需要等。其缺点是：商品种类有限；市场供应有限；顾客的流动量有限等。这种体系适合经营高档商品。

在商品构成体系中，为树立独特的服务形象，扩大营销限额，有些方法是应该考虑和汲取的。这些方法既可单独采用，同时又可联合使用，当然是根据实际需要而定。一般来说，可以经营处于成长期的商品，可以率先推出新产品，可以不断变化产品特色，还可以专门邀请厂家生产特色产品。

二、完善的服务体系

售前服务既是商店的有效促销方式，又是消费者了解商店、营销商品性能、特点、用途的窗口，售前服务体制的确立也是商店竞争制胜的法宝。

主题广告宣传，突击宣传某一种产品或某一类产品的性质、作用、价格等知识。

商品展示和现场表演，向消费者展示尽可能多的商品，对时装之类还可以安排表演、样品奉送，对新产品则不妨在未打开销售局面时无偿地送出一部分，让受益者帮助宣传。赠送优惠券，持有优惠券的人在购买商品时，可以适当打折优惠。

开架售货作为新兴的销售服务方式，具有良好的发展势头和不可替代性。其服务过程中，商品容易丢失的缺陷已越来越为商家关注，为此采用一些必要的防止丢失的监督手段是大势所趋，日本广泛应用的有下列几种：

1）在商店门口或其他地区安置录相监控系统。

2）在商店门口或内部安排保安巡视人员。

3）在商店的商品中随意夹带防盗性磁片。

4）利用导购员的导购服务减少商品失盗的可能性等。

5）为防止开架售货商品丢失的可能性，加强公众素质教育，发动民众监督作用也是必不可少的。

措施的得力只能减少丢失的可能性。一般来说，无论如何，丢失的现象是不可能一步堵死的，但只要控制在一定的比例范围内，这种收获服务方式的优越性是显而易见的。

6）建立服务品质评价体系。规范化的服务品质包括售前、售后和销售过程中的附加服务。

举一反三

一、理论部分

（一）填空题

1. 在百货商店中，最常见的定价策略有__________、__________、__________、__________、__________、__________、__________、__________。

2. 百货商店的选址技巧有________、________、________、________、________、________、________、________、________。

3. 高价法是指____。

（二）简答题

1. 简述非整数定价法。

2. 简述安全定价法。

3. 概述经营百货商店的三条基本原则。

（三）案例分析

日本东京银座美佳西服店为了销售商品采用了一种折扣销售方法，颇获成功。具体方法是：先发一公告，介绍某商品品质性能等一般情况，再宣布打折活动的天数及具体日期，最后说明打折方法：第一天打九折，第二天打八折，第三、第四天打七折，第五、第六天打六折，以此类推，到第十五、第十六天打一折。这个销售方法的实践结果是，第一、第二天顾客不多，来者多半是探听虚实和看热闹的。第三、第四天人渐渐多起来，第五、第六天打六折时，顾客像洪水般地拥向柜台争购。以后连日爆满，没到一折售货日期，商品早已售缺。这是一则成功的折扣定价策略。妙在准确地抓住了顾客购买心理，有效地运用折扣售货方法进行产品销售。人们当然希望买质量好又便宜的货，最好能买到二折、一折价格出售的货，但是有谁能保证到你想买时还有货呢？于是出现了头几天顾客犹豫，中间几天抢购，最后几天买不着的情景。

请问：1．日本东京银座美佳西服店采用了什么折扣法？

2．采用这种方法收到了什么效果？

（四）思考题

百货商店是否还能在21世纪有较大的发展？

二、实践部分

参观两家定位不同的百货商店，对其商品策略进行分析。

学习评价

被考评人					
考评地点					
考评内容	定价规则，经营百货商店的三条基本原则，百货商店的选址技巧				
考评标准	内　　容	分值/分	自我评价/分	小组评议/分	实际得分/分
	定价规则	30			
	经营百货商店的三条基本原则	50			
	百货商店的选址技巧	20			
合　　计		100			

注：1．实际得分=自我评价40%+小组评议60%。

2．考评满分为100分，60～74分为及格；75～84分为良好；85分以上为优秀（包括85分）。

第三单元　超 级 市 场

本单元学习导引图

超级市场
- **超级市场概述**
  - 超级市场的定义
  - 超级市场的特征
  - 超级市场的发展
- **超级市场的经营与管理**
  - 超级市场有效选址三原则
  - 超市购物环境设计技巧
  - 超市促销活动策略

学习目标

超级市场是以消费者自选方式经营的大型综合性零售商场，又称自选商场，是当今商业业态的常见形态。通过本单元的学习，您将了解到超级市场的定义及特征，了解超级市场的产生与发展，学会怎样制定超级市场的营销策略、市场目标，学会超级市场的选址技巧、促销活动策略。

综合知识模块一　超级市场概述

能力知识点 1　超级市场的定义

超级市场（以下简称超市）的出现，是零售业中的一场革命。这场革命带给人们生活的变化，尽管是和风细雨、潜移默化的，不像电灯、电话那样明显，但它的影响同样是深远而无所不在的。

人们对超级市场这一概念的理解随着时间和地点的不同而有所不同。我们有必要了解一下各国对超级市场所作的界定，并从中归纳出基本特征，以便统一对超级市场的认识。

美国是超级市场的发源地，它对超级市场的定义强调需具备一定规模，以营业额为标准划分自选商店和超级市场，且这一标准不断变化。20 世纪 50 年代初，凡是营业额超过 25

万美元的自选食品杂货店才算超级市场，20世纪60年代提高到50万美元，20世纪70年代提高到100万美元，进入20世纪80年代又提高到周营业额4万美元，即年营业额要达到200万美元。

想一想

各个国家对超级市场的定义不同，你认为超级市场的定义核心是什么？

日本产业构造审议会认为超级市场的特征是：主要销售食品、日杂货、衣料等生活日用品；主体是自我服务方式；高周转、低盈利，注重折扣销售；售货面积在3000m^2以上；多数是连锁商店。

德国对超级市场定义为：实行自我服务方式的零售店，营业面积在400～2500m^2之间，经营日常必需的食品和部分非食品。一般来说，食品部分至少应占营业额的70%。

可见，国外对超级市场的定义比较多，即使同一个国家也存在若干定义，每一个定义都根据当地当时的具体情况，从某一个侧面强调了超级市场的某些特征。在这里，我们给超级市场所下的定义是：超级市场是实行自助服务和集中式一次性付款的销售方式，以销售包装食品、生鲜食品和日常生活用品为主，满足消费者日常生活必需品需求的零售业态，普遍实行连锁经营方式。

能力知识点2　超级市场的特征

要准确理解超级市场这一零售业态，必须了解超级市场的本质特征。从超级市场的实践及各国对其所作的定义来看，标准超级市场应满足以下几个特征。

1. 以食品为经营重点，基本上满足食品购买者一次购齐的要求

所有国家对超级市场的定义都强调：超级市场是以经营食品为主、以经营日常用品为辅的零售店。它应是传统的菜市场、粮油商店、食品商店、杂货店的组合，向消费者提供高品质、新鲜、卫生的生鲜食品、一般食品及日用杂货。以食品经营为重心的超级市场，其主要功能是满足消费者一次购齐食品的要求。过去，人们对"一站式购物"这一概念的理解常常是"这个商店里的商品应有尽有，顾客可以买到所有需要的商品"，事实上，没有任何一种零售业态能做到这一点，即使是百货商店也不能。"一次购齐"是相对某种购物行为而言的。消费者的购物行为是多种多样的，如食品购买、服装购买、电器购买等，超级市场正是要满足食品购买者"一站式购物"的需要，充分发挥作为家庭食品提供者的社会功能。有了超级市场，家庭主妇不必再去肉店买肉、去菜店买菜，而只要进一家店铺，就能买全一般日常生活所需的商品。当然，我国目前的超级市场还没有完全实现这一功能，很多超级市场的主力商品——生鲜食品经营得不太理想，这使得传统菜市场还得以存在。随着超级市场的发展，菜市场被超级市场取代是一种必然的趋势。

2. 采取开架自选、自我服务、一次结算的售货方式

超级市场一出现便得到迅速发展，主要原因在于它与众不同的经营方式，即采取开架自

选、自我服务、一次结算的售货方式。在超级市场里，整个售货过程是：货架摆放成一条条纵横交错的长廊，绝大部分商品采用小型透明包装，并贴有醒目的价格标签，不但同类商品陈列在一起，用途相近或有关联的商品也放在一起，使消费者选购商品既方便又节省时间。消费者可以用商店准备好的手推车或提篮，自由挑选货架上的商品，若有需要也可以招呼店员提供咨询服务，这就使消费者在心理上产生一种自主感，也可以使店员从静止、被动的站柜台状态中解脱出来，为消费者提供更为轻松、活泼而有效的服务，对商店来说，也可大大节省人力，降低成本。当消费者挑选完商品后，可以在出口处向收银员一次付清所有商品款项，收银员用电子收款机记录商品的数量和价格，开出收据，向消费者结账，这样大大节省了顾客付款的时间。正是由于超级市场创新了这种售货方式，塑造了消费者与店员、商品的一种全新关系，体现了先进的生产方式和生活方式，因而被称为“零售业的第二次革命”。

上述两个特征是每个国家的超级市场都必须具备的，称为基本特征，不具备则不能称其为超级市场。以下特征是非基本特征，没有硬性规定，但大多数成熟的超级市场都能体现出来。

3. 廉价销售，商品周转速度快

人们往往将廉价销售与超级市场挂钩。其实这是一种误解，超级市场并非一定要坚持廉价政策，只是价格低廉是大多数超级市场价格定位的首选。如果超级市场的商品价格昂贵，一般工薪阶层不敢问津，这就脱离了兴办的宗旨，也很难在市场中立足。

4. 具有一定规模

为了将超级市场与自选商店区别开来，大多数国家对超级市场都要求了规模标准，如美国要求商店年营业额要达到 200 万美元；日本要求营业面积必须在 $3000m^2$ 以上；德国要求营业面积在 400～$2500m^2$ 之间。从上述规定中可以看出，超级市场必须具备一定的规模。

5. 店址主要设在居民住宅区或郊区

超级市场作为提供家庭食品及日用品的场所，其选址的一个基本原则是靠近居民住宅区，这也是国内外超级市场经营成功的重要经验。据美国资料介绍，一家超级市场是否成功，主要取决于在商店的约 1.6km 范围内能否有一个购买力较大的消费者群。一般来说，2000 户的住宅区即可配备一家小型超级市场，10000 户的住宅区可设立一个 $2000m^2$ 的超级市场。二战后，国外居民纷纷移往郊区居住，与此相适应，众多超级市场也纷纷在郊区设立，吸引车程 20～40min 的消费者。由于我国汽车尚未普及，超级市场应设立在居民密集住宅区，主要吸引自行车车程 10～20min 以内的消费者。

6. 现代化设备及管理

超级市场的概念是随着时间的推移而不断发生变化的，最初的超级市场是没有电子收款机的，当前的超市往往要求配有计算机设备，尤其是连锁超市集团一般都建有 POS 系统、自动订货系统等。当消费者选购完商品付款时，收银员用扫描仪读取商品上的条码信息，计算机便自动统计商品种类和价格，分别将信息

想一想

你认为超级市场还具有哪些特征？

传递到总部或配送中心，由总部或配送中心及时进行销售结算和营业统计，管理人员能通过销售终端及时掌握不同商品的销路状况、库存状况、盈亏状况，并保证分店货品供应和零库存。20 世纪 70 年代以来，商业信息化和自动化技术的运用，大大提高了连锁超市的管理效益，推动了连锁超市的不断扩张。而这种现代化设备与管理，也构成了现代超级市场的一个主要特征。

能力知识点 3 超级市场的发展

中国内地引入超级市场概念是在 20 世纪 80 年代初。当时广东作为改革开放的试验区，最早接触国外先进的管理经验，超级市场随之传入。第一家国内超市出现于 1981 年 4 月 12 日，即广州友谊商店附设的小型超级市场，占地 $270m^2$，出口处设 3 台收款机，用外汇结算，服务对象主要是外籍人士。此后，佛山出现了第一家用人民币结算的自选商场；上海等地也陆续出现一些自选商场，不过这些商场都寿命不长，不到一年便纷纷关门转向，主要原因是商品供应跟不上，人们消费水平不高，难以接受包装食品，且自选商场规模较小，独家经营成本大，经济效益低等。

20 世纪 90 年代以来，中国零售业发生了根本性变化，并呈阶段性跳跃，开始出现真正意义上的现代零售业态。1990 年底，东莞虎门镇出现了中国第一家连锁超市—— 美佳超级市场，其开架自选的售货方式、较低的价格和面向居民区的选址都给后来者产生了极大的影响。此后，它们便以两个月开设一家分店的速度飞快发展。美佳超级市场良好的经济效益使人们看到了连锁超市的巨大生命力。与此同时，上海、北京等地也出现了“超市热”。1991 年 9 月，上海联华超市商业公司开设了第一家上海真正的超级市场，在 $800m^2$ 营业面积内供应近 3000 种日用品和副食品，开业一个月内消费者天天排队进店购物。1993 年，上海华联商厦也开始投资超级市场，并在一天内同时开设 36 家超市，将“超市热”推向高潮。如今，联华超市和华联超市成为上海两大超市巨头，尤其是联华超市，至今已开设了 1000 余家分店，销售额过百亿元，创下了中国零售企业发展奇迹。该公司为了更好地贴近居民生活，积极调整经营结构，将生鲜食品引入超市，包括鲜肉、水产品、南北货、蔬菜等 14 个大类 500 多个品种，受到了消费者的欢迎，经济效益逐年增加，这标志着我国超级市场已进入良性的发展轨道。

1996 年，世界顶级零售巨人在我国开始了“圈地运动”，沃尔玛、家乐福等零售巨头纷纷以超级市场业态进入我国零售市场，给我国超级市场乃至所有零售企业带来了巨大的冲击和压力，迫使我国零售企业不得不重新思考出路，为生存而斗争。此时，某些零售企业，如广州阳光超市和北京红苹果超市等的倒闭，从一个侧面反映了我国超级市场到了一个急需调整的时期。在这一调整过程中，一些连锁超市迅速成长起来，1999 年，上海百联集团有限公司（上海华联超市重组后的名称，以下简称百联集团）销售额终于超过上海第一百货公司，名列我国零售企业榜首。截止到 2010 年，百联集团在全国 25 个省市拥有 6000 余家营业网点，几乎涵盖了包括大型超市、标准超市、便利店、百货店、购物中心、奥特莱斯等在内的国际商贸流通领域现有的所有业态。同时，百联集团已成功收购大连友嘉购物有限公司旗下的两家沈阳大型综合超市，并以此开拓了集团在东北三省最重要的战略城市的发展。

目前，我国的超级市场主要分为两种类型：①普通超级市场（或称标准超市、生鲜超市）；②大型综合超市（或称大卖场）。普通超级市场面积大都在 800～1500m^2 左右，设在生活小区内或附近，商品以包装冷冻食品、生鲜食品为主，附带一些日用品，这种超市在未来极有可能取代传统的菜市场。大型综合超市能满足消费者一次性购齐的需要，是外资零售集团进入中国首选的超市形式，主要开设在城乡结合部，面积大约在 5000～20000m^2，以低价格和品种全而对消费者有较大的吸引力，其力量正在迅速成长，已成为超市的主力军。

随着经济的发展和人们收入水平的提高，我国居民的消费结构、购买行为发生了较大变化，超市正是适应了这一购物方式的变化而成为人们购物的首选。据中国连锁协会 2006 年一次对上海超市的“顾客满意度指数”调查表明，去超市购物已成为上海市民日常消费的主要方式，“影响上海市民选择超市购物的因素”依次为：方便（80.9%）、价格优势（66.2%）、商品种类齐全选择余地大（62.9%）、质量有保证（61.1%）、购物环境好（39.7%）等；每周光顾超市多次的占 42.4%，至少一次的也达 40.7%。调查还显示，市民通常去超市购买的商品种类前 5 位分别是：食品（86.5%）、日常用品（83.7%）、化妆品（20.2%）、家用电器（15.5%）、服饰（14.5%）。统计表明，超市已和上海市民的日常生活密切相关了。尽管上海和其他地区有所不同，其他地区的超市和人们生活结合的程度还远远不如上海，但这恰恰说明这些地区超市的潜力还未充分发挥出来。

从欧美发达国家大型综合超市的发展历程来看：人均国民生产总值在 1000 美元左右且恩格尔系数在 50%以下，即居民生活由温饱型向小康型转变的时期是超级市场的快速成长期。2010 年，我国城市居民的恩格尔指数在 35.7%左右，由于用于消费的总费用增加，所以即使恩格尔指数在下降，用于食品和日用品消费的绝对额也仍然在增长。随着人们生活质量的提高，对购物场所的要求越来越苛刻，对商品质量和食品卫生越来越重视，因而大部分市民将改变到传统菜市场购买生鲜食品的习惯，转而青睐干净、卫生、明亮的超级市场，因此，中国超级市场具有巨大的发展空间。

超级市场在我国相对于国外而言存在诸多问题，归结起来主要表现在以下几个方面：

1）连锁意识不足，管理落后，经济效益差。我国的连锁超市大多数是从计划经济时代的商业企业演变而来的，其中有许多是因为经营困难重组改造而来的，经营者的经营观念僵化，热衷于粗放型经营方式，对市场条件下的集约经营知之甚少。内资超市大多沿袭 20 世纪 90 年代初百货商场或副食店的管理模式，财务制度不规范，分配制度不合理，管理人员多而一线人员少，人工核算、人工记账，工作效率低下，组织结构落后、购销环节不明、人际关系复杂等因素严重制约着内资超市的发展。在经营上，内资超市除商品大类结构、商品品种和数量没有太大的差别外，不论从商品价格、购物环境，还是技术条件等诸方面与外资超市相比都显得相形见绌，经营效果也不尽理想。

2）连锁数量和经营规模较小。我国目前的连锁超级市场的店铺一般只有几十家，最多的也就 1000 多家；而国外较多的能够达到 1.2 万家，最多的达到了 2.5 万家，少的也有 100

多家。而且国外对超市的总体营业面积都有最低要求，如英国规定为 800m^2，法国规定为 850m^2，美国规定为 1700m^2。国际上的超市一直在朝着大型化的方向发展，特大型超市的营业面积超过 10000m^2，经营商品达 5 万种。而我国超市规模普遍偏小，甚至出现所谓的“迷你超市”，导致经营品种不全，货物拥挤，购物环境舒适度下降，既不能很好地满足消费者需求，又模糊了业态的区别，对超市的成长极为不利。如果维持小规模发展，则会出现以下三个问题：①很难适应激烈的市场竞争的要求，往往会被市场淘汰出局。②小规模的超市大多成本较高、管理不规范，长此以往会造成恶性循环，给市场发展带来负面影响。北京在 2000 年初相继有康迪南超市、朝林超市、南横街百姓佳超市、红熊超市等好几家超市倒闭，而且这些超市的做法也十分相似，即先拖欠供货商的货款，然后给供货商开出一个“空头”或延期支票后携款“消失”，最后受到法律制裁。分析其原因主要是由于超级市场之间竞争的日益激烈，再加上“洋超市”的“介入”，加大了市场优胜劣汰的进程。一些规模较小的超市由于成本控制不善，管理不规范，陷入经营困难是必然的，加上一般供货商往往到年度终了前都急需大量现金回款，那些结款能力差、运转困难的小超市最终必然退出市场。超级市场的经营只有做到三位一体，即超市、供货商、消费者的关系和谐紧密，超市才能有朝气、有人气。③仓促上阵，资金匮乏。由于缺少自有资金，多数内资超市采取代销或赊购商品的方式经营，有些内资超市负债经营、周转困难，商品销售后不能及时结算货款，造成供货商不及时供货或停止供货，甚至屡屡发生供货商哄抢货品的事件，严重影响了超市的形象和声誉；有些商业企业根本不具备开办超市的条件，刚刚开业就负债累累，开业时只热闹了几天，后来就显现车马冷落人马稀的境况。像金仓、盛客隆、必买得等几家超市，经营一直处于亏损状态，开业不到一年就不得不停业。

3）商品经营结构不尽合理，品种少、价格高。目前许多超级市场都仅局限于出售包装食品，这样一是不能真正做到方便消费者购买，二是使商品品种的经营受到限制，难以满足消费者一次性购足的需要，三是副食品、生鲜食品等所占的比重较小，难以与集贸市场相抗衡。从超级市场发展过程来看，它之所以受到欢迎，关键的一点在于超级市场能够做到廉价销售，这即是超市成功的主要经营特色。

在经济学上“价格竞争”可以说是竞争中最本质的方面，而最能吸引消费者的就是商品的“物美价廉”。超市成功的秘诀大多是得益于其“低价销售”。由于商品的零售价格主要是由商品的进货价格决定，商品的进货价格又受商品的进货量和销售量制约，因此规模大、连锁多的大型超市具有得天独厚的优越条件。而我国的内资超市多数较为零散、规模不大，而且没有形成连锁经营，各自为政、孤军奋战，采购数量较少，价格较高，因此造成成本居高不下，难以形成规模效益。

想一想

在我国超级市场的发展程度如何？

4）连锁经营层次不高。在成百上千的门店中，大多数是加盟店，直营店的比例比较低。对比例较高的众多加盟店只实行“三统一”，即标识、配送和管理的统一。由于加盟店只是“三统一”，没有与总店实行统一核算，所以总店在进货的价格以及付款方式等方面，均采取了有别于直营店的策略。加上我国目前大多数的连锁超市均设立在城市的商业区和人口稠密的居民区附近，加盟店经营用房的租金费用高，因此没有得到规模效益。

举一反三

一、理论部分

（一）填空题

1．超级市场是指____。

2．超级市场的特征：______、______、______、______、______、______。

（二）简答题

1．简述我国超级市场的发展状况。

2．超级市场在我国相对于西方国家而言存在哪些主要问题？

（三）案例分析

大型综合超级市场（GMS）是标准食品超级市场与折扣店的结合体，衣、食、用品齐全，可以全方位地满足消费者基本生活需要的一次性购足要求。其营业面积可以分为两类：大型综合超级市场营业面积为 2500～6000m^2；超大型综合超级市场营业面积为 6000～10000m^2或以上。对超大型综合超级市场来说，还需要配备与营业面积相适应的停车场，一般的比例为 1:1。大型综合超级市场两个最基本的特点是：①经营内容的大众化和综合化，适应了消费者购买方式的变革——一次性购足；②经营方式的灵活性和经营内容的组合性，它可以根据营业区域的大小、消费者需求的特点而自由选择门店规模的大小，组合不同的经营内容，实行不同的营业形式。低成本、低毛利、大流量是大型综合超级市场的经营特色。它不经营品牌商品和贵重商品，一般经营的都是大众日常的消费品，毛利由市场决定，所以价格不会高。在这种情况下，大型综合超级市场要想取得盈利，就只能采用低成本的方式经营。例如，员工数量比百货商店少，服务项目也不应比百货商店多；不设导购员；没有送货上门服务等。家乐福在中国一直致力于推广“大型综合超级市场”的概念，即“一次购足、超低售价、免费停车、自助服务和新生鲜优质”。其卖场面积约为 10000m^2，配备员工 500～600 人，人均日购买次数为 1.5 万人次，经营 1.8 万种商品，并越来越多地实现采购当地化。

请问：大型综合超级市场两个最基本的特点是什么？

二、实践部分

1．训练目标：初步认识超级市场。

2．训练准备：

（1）根据当地实际情况，亲身走访有规模的某家大型超级市场（如沃尔玛、物美等），结合所学知识加深理解超级市场的特征。根据走访所看所感，撰写一篇心得体会，不限定字数，核心内容是超级市场区别于其他零售商业业态的特征。

（2）完成周期：一个星期。

3．训练地点：由任课老师指定。

学习评价

被考评人					
考评地点					
考评内容	超级市场概念、超级市场特征、超级市场的中外对比				
考评标准	内　　容	分值/分	自我评价/分	小组评议/分	实际得分/分
	超级市场概念	30			
	超级市场特征	50			
	超级市场的中外对比	20			
合　　计		100			

注：1. 实际得分=自我评价 40%+小组评议 60%。

2. 考评满分为 100 分，60～74 分为及格；75～84 分为良好；85 分以上为优秀（包括 85 分）。

综合知识模块二

超级市场的经营与管理

能力知识点 1　超级市场有效选址三原则

零售业成功的一个首要因素是“Place，Place，Place”，即选址、选址、选址。外资连锁企业在开店的选址上十分慎重，在选址时综合考虑交通、竞争和市场发展目标等因素。如麦德龙（仓储式会员店）的第一个店选在沪宁高速公路入口处，排除了前期 22 个预选点，其目的是沿沪宁高速每 100km 开设一个，实现沿长江走廊的市场发展。第二个店选择在无锡东区（锡山市），可凭借该店的位置辐射整个无锡市以及宜兴、常州等地。第三个店选在内环线与外环线以及沪杭高速公路连接处，以第三个店辐射上海西南市场及浦东地区，并据此向南方市场发展。离该店不到 1km 处已有南方商城，麦德龙的竞争目标很明确，就是打压南方商城。如将麦德龙和南方商城作比较，可以预言，麦德龙第三个店一开设，南方商城将失去它曾有过的短暂辉煌。

超市与其他商业零售店一样，需要找到一个合适的店面，店面选择得好，相当于成功了一半。这就要求，选择地址必须认真对待，而且要运用科学方法，把握一定的原则，千万不可随心所欲、盲目进行，应该遵循的主要原则有以下几点：

1. *以选择居民区中心位置最为理想，但需综合考虑各方面的因素*

这一点对传统超级市场、标准食品超级市场和 3000～5000m^2 规模的超级市场尤其显得重要。这主要是因为，地址的选择必须着眼于居民的居住状况和流动情况，综合考虑诸如居民区的朝向、竞争对手、互补店铺、主要的商事机构、人流密度和交通状况等，最终决定在最便利的场所设立超级市场。

2. 选择城乡结合部，在这一地区开设超市一般来说成功的可能性较大

一方面，这个部位商业网点相对不足，竞争性低，土地价格和房屋租金明显低于市中心，为超级市场减少投资，降低运营成本，实现低价格销售创造了条件。另一方面，随着社会经济的发展，人们生活水平的不断提高，这个商圈内的消费需求量会有较大的增长。虽然选择地址时，要尽量深入到居民集中和交通便利、快捷的地区，为消费者营造便利的购物环境和条件，但也不能放弃由商业区附近向郊区、城镇、农村扩展的考虑。一般来讲，6000～10000m^2的超大型综合超级市场在城乡结合部，在5～15km内有10～20万居民数的地区开店，是最为理想的。

3. 选择有发展潜力的地点

通常来讲，在选择超级市场的地址前至少要经过以下两方面的详细测算。首先是人口消费能力。常用的做法就是以某个中心点出发，测算5min的步行距离会到什么地方，然后测算10min步行会到什么地方，最后测算15min步行会到什么地方。根据中国的本地特色，还需要测算以自行车出发的小片、中片和大片半径，以车行速度来测算小片、中片和大片各覆盖了什么区域。如果有自然的分隔线，如一条铁路线或是另一个街区有一个竞争对手，商圈的覆盖就需要依据这种边界进行调整。接着，需要对这些区域信息进行进一步的细化，根据这片区域内各个居住小区的详尽的人口规模和特征的调查，计算出不同区域内人口的数量和密度、年龄分布、文化水平、职业分布、人均可支配收入等更加详细具体的影响指标，还有城市交通和周边商圈的竞争情况。

如果一个未来的店址周围有许多公交车或是道路宽敞、交通方便，那么销售辐射的半径就可以放大。上海的超市都非常聪明，如家乐福古北店周围的公交线路不多，家乐福就干脆自己租用公交车定点在一些固定的小区间穿行，方便这些离得较远的小区居民上门一次性购齐一周的生活用品。

> **想一想**
>
> 找一个你熟悉的超市，看它选址是否符合超级市场有效选址三原则。

能力知识点2　超市购物环境设计技巧

1. 门面的设计技巧

营业建筑及外观环境是超市的“脸面”，它是消费者对商店形成第一印象的重要因素，是企业形象的重要组成部分，它决定了消费者是否愿意进入某一家超市。超市的外貌风格必须与经营的商品内容相一致，要能突出自己行业和档次的特点。如果店面不协调，招牌残缺不全，光顾者肯定不会多。超级市场的店面设计，包括出入口、招牌、橱窗等方面。超级市场的出入口设计，应该本着既方便消费者又美观的原则。最常用的是轻型玻璃门式自动门，消费者推货车可以自由出入。出入口的设计不要太庄重，也不要追求豪华，超级市场就是大众化商店，大

门设计要与此相适应，否则将会把消费者拒之门外，同时也会增加建筑成本。超市本身建筑物的造型变化很难体现自己的特色，因此主要是依靠招牌，超市店外观装潢的重点应突出招牌的作用。招牌的功能是“打招呼”和“自我介绍”，同时又能体现超级市场的个性特征。其内容应包括店名、业态。招牌的设计要求是为了使消费者便于识别，不管店标是用文字来表达，还是用图案或符号来表示，其设计要求要达到：容易看见、容易读、容易理解和容易联想。设计上要有特征，与邻近店铺要有区别，要和周边环境相适应，另外还要考虑到经济、耐久和便于保养、清洗。招牌是向消费者传递信息的一种形式，不仅要追求艺术上的美感，更重要的是内容的准确。

超级市场招牌的制作要精细。这里主要考虑选材问题，既要考虑其耐久性、耐污染性，又要考虑它的质感性。招牌底基可选用的材料有木材、水泥、瓷砖、大理石及金属材料。招牌上的文字、图形可用铜质、瓷质、塑料来制作。橱窗是商店外观的一个重要组成部分，它有两个作用，一是让顾客辨认商店及其商品；二是吸引顾客进入商店。连锁商店的橱窗尺寸由于商店类型、门面长度不同，而有所区别。但长度和宽度的比例一定要符合视觉习惯。一般高、宽的比例以 1:1.62 为佳，这便是常说的“橱窗的黄金定率”。橱窗的设计、装饰、陈列可以说是一种艺术，应当由专业人员来进行。

2. 超市内部的设计技巧

售货区是消费者购物的场所，要保持售货现场光线充足、色彩协调，为消费者创造一个舒适的购物环境，营造良好的购物氛围，对超级市场的卖场设计也是非常重要的。总的来讲，店内的环境应该以简洁、明快为基本特征，以便利消费者、服务消费者为宗旨，突出商店和商品的特色。

（1）光线：超级市场的现代化照明是与商品推销技术并驾齐驱的。因为灯光可以改变整个超级市场场景的面貌和气氛，有的灯光可以使人感到温暖，有的可以制造出欢乐的气氛，有的则又可能使人感到庄严肃穆。适当的照明可以使商品更具吸引力，更容易被消费者发现，增加购买商品的愿望。

采用自然光，既可以展示商品原貌，又能够节约能源。但自然光源受建筑物采光和天气变化影响，远远不能满足经营场所的需要，特别是大型商场多以人工照明为主。一般而言，营业场所灯光照明应在不同位置配以不同的亮度，纵深处高于门厅，陈列商品处高于通道，这样可以吸引消费者注目。

（2）色彩：为了刺激消费者的购买欲望，超级市场陈列中采用了各种色彩。灯光和陈列背景的色彩对比效果良好，会使商品更加突出，给消费者留下深刻的印象。据日本的一项调查显示，色彩在商品中的价值分别为：食品 52%、化妆品 29.3%、服装 38.6%。这充分说明色彩的运用在商品销售中所起的作用，换句话说，商品陈列的安排如果在色彩方面处理得好，就会增加商品的销售量。

1）色彩选择要与商品本身相结合。目前，市场销售的商品包装也注意色彩的运用，这就要求商场内货架、柜台、陈列用具为商品销售提供色彩上的配合与支持，起到衬托商品、吸引消费者的作用。如销售化妆品、时装、玩具等应用淡雅、浅色调的陈列用具，以免喧宾夺主，掩盖商品的美丽色彩。销售电器、珠宝首饰、工艺品等可配用色彩浓艳、对比强烈的色调来显示其艺术效果。

2）色彩选择要与楼层、部位相结合。如超市一层营业厅，应以暖色装饰，形成热烈的迎宾气氛。地下营业厅沉闷、阴暗易使人产生压抑的心理感觉，用浅色调装饰地面、天花板可以给人带来赏心悦目的清新感受。

（3）声音和音响配置：声音的种类和密度可对超市的气氛产生积极的影响，也可以产生消极的影响，而且它也影响着消费者情绪和营业员的工作态度。音响运用适当，可以达到以下效果：①吸引消费者对商品的注意，如电视、音响、磁带的播放。②指导消费者选购商品，商场向消费者播放商品展销、优惠出售信息，可引导消费者选购。③营造特殊氛围，促进商品销售。随着时间的不同，商场定时播放不同的背景音乐，不仅给消费者以轻松、愉快的感受，还会刺激消费者的购物兴趣。

（4）通风调温设施配置：超市内客流量大，空气易污浊，为了保证空气清新通畅，冷暖适宜，应采用空气净化措施，加强通风系统的建设。一般而言，空调本身只有通风和调节温度功能，但有的空调设备还有空气净化、灭菌功能，选用空调来改善营业场所环境质量，可为消费者提供一个舒适、清新的购物环境。商场的空调应遵循舒适性原则，冬季应使温度达到暖和而不燥热，夏季应达到凉爽而不骤冷。

商场在选择使用空调机组时，最好选择那些能够根据楼层不同分别调节温度的设备。否则，就会出现这样的问题：用一个温度，一楼适宜、二楼以上就会感到太热，二楼以上合适、一楼就会感到太冷。维持整个卖场一个舒适的温度和湿度是至关重要的。

（5）地面和气味设计：超市是个公共场所，人来人往，环境卫生不好，地面布满灰尘、纸屑，就不能留住消费者。购物环境卫生包括营业场所卫生、商品卫生、营业员个人卫生。保持地面清洁、窗明柜净、商品整洁，为消费者创造一个整洁的购买环境，是现代超市的基本要求。

超市卖场的气味设计对消费者来说也是至关重要的。气味异常会给商场带来很不好的影响，地毯霉味儿、油漆味儿、卫生间的怪异气味都直接影响消费者对商场的评价。因此商场应保持清洁、排除异味，并定时在营业场所内挥洒一些香水，用于吸引消费者停留，增加销售机会。

想一想

简述你喜欢的购物环境及原因。

能力知识点 3 超市促销活动策略

近几年来，随着居民收入的提高，消费形态的改变，现代化经营的超市每年以近 100 家的数量在增长，超市数量的快速膨胀以及其他零售业态（大卖场、便利店）的兴起，已对超市经营形成了严峻的挑战。如何在激烈的市场竞争中吸引消费者来消费，确保经营优势和经营利润，是超市经营者面临的一大课题。通过促销活动达到与消费者的信息沟通，刺激消费者的购买欲望，从而达到扩大销售增加利润的目的。有效的促销还可以起到吸引消费者、提升超市形象、对抗竞争对手的作用。

超市促销活动方案及其制定要点，具体包括以下几点：

1. 制订周密的促销计划

一个促销活动并不是通过打折、赠送等就能成功的，而是必须要有周密的计划和严格的执行才会取得预期的效果。一般来说，超市的促销策划方案应包括以下内容：

（1）原因：为什么促销——新产品上市、节假日让利等。

（2）方法：采用什么样的促销手段，要达到什么样的促销目的等。如为了提升消费者对品牌的认知度，为了处理过季商品等。

（3）内容：包括促销时间、地点、参与部门、促销手段、宣传方式、工作内容分解培训、管理表单、效果预估、费用预估、岗位职责说明等。

2. 选择合适的促销政策

（1）找出富丽堂皇的理由：以庆贺节日、新产品上市等打消变相降价促销的负面影响。

（2）避免传统的俗招：尽量不做同产品搭赠（如“买二送一”），避免降价抛货之嫌，否则结果可能“打不到”目标消费者，反而“打中了”贪便宜低收入的消费群。

（3）掌握以老带新的奥妙：可用成熟品牌带动新品牌捆绑销售，但要注意两者的档次，定位必须在同一层次上。如可口可乐公司的副品牌雪碧在二三级城市很受欢迎，而醒目是该公司推出的又一新品牌，定位也是在二三级市场。因此，将醒目上市与雪碧捆绑销售，在二三级市场就比较容易取得良好效果。

（4）合理运用销售商和重点超市的交叉合作：这样既可以起到促销产品的作用，又能增进客情。如购买某某公司产品××元，赠某某超市购物券一张；买某某超市商品××元，赠某某公司价值××元的产品。

3. 选择合适的促销方式

（1）商品特买活动：这种活动是指超市在某段时间内，让一种或几种商品的价格下降幅度特别大，给予消费者实实在在的优待，达到强烈吸引消费者，带动超市整体商品销售的目的。

南京一家超市针对春节前的销售，在2011年12月15日～2012年1月15日展开了为期一个月的家电特卖活动，对部分热销的家电进行优待销售。如爱华音响K350售价1580元，新科VCD售价888元，海信彩电售价1288元，海尔小神童洗衣机售价688元，以此来吸引消费者，极大地增加了客流量，也带动了其他产品的销售。

（2）有奖促销：超市的有奖促销是超市根据自身的销售现状、商品性能、消费者情况，通过给予奖励的刺激来引起消费者的消费欲望，促进其购买商品，达到扩大销售增加效益的目的。它一般分为购买奖励和比赛奖励两种。其中，比赛奖励是通过让消费者参与有趣的竞赛，根据竞赛的结果颁发资金或奖品。这种活动虽然有时与超市的商品销售不直接挂钩，但活动的影响力是相当大的，它的潜在效应不容低估。有奖促销的实施方法和内容，见表3-1。

表 3-1 有奖促销的实施方法和内容

实施方法	具体内容
购买直接抽奖	对购买者登记号码，再随机抽奖
购买兑奖抽奖	超市事先确定数字和标志，印制在奖券上，一组奖券派送完后或到指定日期，经由媒体告知购买者获奖号，获奖者即可到指定地兑奖
竞赛促销	竞赛促销是超市组织各种特定的比赛，提供奖品，以吸引客流，从而带动超市销售量的一种促销方式。在超市设计竞赛形式时，一定要注意活动的趣味性和比赛难度的适宜性，同时，还要注意竞赛规则的可行性和安全性

（3）赠品促销：赠送礼品是超市经常采用的促销手段。赠送礼品是通过企业让出部分利润来提高营业额的一种促销手段，因此一定要使超市和消费者同时受益，才能达到理想的营销效果。超市赠送的礼品，可以包括运动服装、游戏软件、娱乐光盘、精品挂历、情侣T恤、生日贺卡、各种文具、精美玩具等。哈尔滨有家超市为了吸引消费者，采用了赠品促销法，取得了良好的效果。其做法是只要消费者带小孩来消费，并且消费额超过 80 元就由服务员热情地为小孩送上一条绘有动物图案的小书包。事实上这个书包不值多少钱，价格大多是 15 元左右，为何它能招来消费者呢？因为这个书包是由该店的“画家”当场画上各种精美图案，而这些图案又是由小朋友来亲自选择的，生动有趣，使小孩爱不释手。因为书包上有多种多样的小图案，小孩总希望多获得几个，所以常常要求父母带她（他）去，父母看到孩子的高兴情景，自然会寻找机会带孩子前来光顾，久而久之，消费者就多了起来。

（4）折扣券促销：折扣券促销就是当消费者消费到一定数额时可以获得一定数额的折扣券，可以当天使用，或是让消费者在限定时间内使用，从而促进销售。

北京一家服装超市在 2011 年国庆前后半个月内推出了“满 200 元，送 260 元”的促销活动，其中 200 元的折扣券可以当场使用，其余 60 元在以后限定的日期内使用，活动一推出就吸引了大批的消费者，创下了国庆消费的新记录。超市的促销方法还有很多，像常用的还有服务促销、模特表演促销、POP（店头广告）促销法等，不同的超市要根据自己的实际情况和要达到的效果选择合适的促销方法。

4. 选择合适的宣传品及礼品

（1）设计广告宣传品的基本原则：

1）宣传品风格设计应与目标消费者心理需求一致。如运动饮料宣传品基调——与体育赛事结合、活力、迅速补充体力；中低价食品宣传方向——更实惠、更营养；儿童用品宣传风格——好吃、好用、赠品好玩、卡通化的表现方式。

2）POP 广告要合理选择颜色、文字，要醒目，让消费者感受到强烈的刺激，从而在消费者脑海里留下深刻的印象。尽可能减少文字，使消费者在 3s 之内能看完全文，清楚知道促销内容。

3）限制条件要写清楚，以避免不必要的麻烦和产生相反的效果。如牛奶等商品限购 5 箱/人、周末促销、限量销售、售完为止、××号之前有效等。

（2）选择赠品的基本原则：

1）尽可能选择实惠而新颖的日用品（太“生僻”或者不实用的赠品，消费者不知道用途或不是消费者真正需要的商品，都起不到预期的作用）。

2）尽量选择高形象、低价位易于摆设的简单商品，如挂历、围裙、T 恤、玩具等。

3）尽量选择有宣传意义的商品，如张贴画、T 恤、茶具等。

5. 确定促销人员数量、产品储备数量及物料需求

好的促销方案必须包含效果预估、费用预估两方面的内容。要结合新的条件并且根据超市的历史销量，综合考虑促销政策对产品流速带来的影响，作出促销期间销量的预估；同时根据销量预估配备相应的物料（广宣品、礼品），并根据所选超市的规模和促销期长短预估销量，准备相应的促销人员预算。如果促销期大于 1 天，那么及时补货、陈列以及保证场内货品充足、陈列整齐标准就成了很容易疏忽也很容易出问题的工作。所以有必要在促销方案中将产品的备货、陈列、宣传品布置落实到具体人身上（促销小姐、理货员、业务员），规定责任人保持对促销商场的高频回访率，完成接单、上货、陈列工作以保证促销效果。

6. 明确每一个执行人的岗位职责

在促销活动期间，一定要明确每个执行人的具体责任。促销活动期越长，越容易在促销过程中出现某一环节的失控，例如：活动某一天断货、礼品丢失；促销员迟到、串岗；新补充的促销员培训不到位；促销期出现意外事件却不知应由谁具体负责处理或联系不到该负责人等。出现这样的情况，不仅会影响促销活动，影响预期的效果，而且会给店方带来混乱，引起消费者的抱怨和投诉。良好的计划和严格的责任落实措施可以避免现场出现这样的不利局面。参与促销的每个人都应该拿到自己的岗位职责说明，明白自己担负的具体责任、活动期内每天的细分工作流程以及要填报的信息表单、相应的奖罚方法，各司其职才能保证整个活动如期顺利展开。

7. 促销活动现场执行注意事项

1）超市人员必须都了解促销活动的起始时间、促销商品以及其他活动内容，以备消费者询问。促销第一天，提早到场，再次确认准备工作到位，销售人员、促销负责人员和执行人员要整理广宣品、陈列及标价。

2）各部门主管必须配合促销活动安排适当的出勤人数、班次、休假和用餐时间，以免影响高峰时间对消费者的服务。促销当天部门主管要全程跟进，了解准备不足和方案欠妥之处以调整改善，并对促销人员进行现场辅导。

3）超市工作人员必须保持良好的服务态度，并随时保持服装仪容的整洁，留给消费者良好的印象。

4）商品陈列。促销商品必须齐全，促销标价必须正确，以免使消费者产生被骗的感觉及影响收银作业的效率。商品陈列位置必须正确醒目，以吸引消费者的目光。播放轻松愉快的背景音乐，使消费者产生购物的舒适感。

> **想一想**
>
> 如果你是超市主管，你会制订什么样的促销计划？

5）广告宣传是促销成功的关键。广告海报、促销条幅等媒体应张贴于明显处，如入门

口或布告栏上，以吸引消费者购买。要定时广播促销活动及品种，以刺激消费者的购买欲望。店内货架、堆头、促销区的广告宣传应尽可能简洁醒目地传达促销内容。在超市内非本产品销售区域，告知促销信息并指明本产品销售位置。

举一反三

一、理论部分

（一）填空题

1．超级市场内部的设计技巧包括________、________、________、________、________。

2．超级市场有效选址三原则是：__________、__________、__________。

（二）简答题

1．简述超级市场的发展历史，并陈述超市在当今商业世界中的机遇与挑战。

2．简述超级市场促销活动策略。

（三）案例分析

××超市周年庆活动方案

——十店同期庆新年　六重大礼送您家

时　间：××××年××月××日

活动时间：10 天。

执行门店：××店；××店；××店；××店；××店；××店；××店；××店；××店；××店。

活动内容：

福礼一：开业大家喜 来就送福礼

每天超市购物前 200 位顾客、便利店购物前 50 名顾客，可凭当日购物小票在超市总台（便利店收银台）领取价值 2 元的开业纪念品一份；采购部负责开业纪念品的准备，于 2011 年 7 月 3 日前到位，至配送中心；配送中心根据发展部提供的配送比例，每晚 10 点前配送至各门店客服部或便利店店长处；门店负责统计和发放赠品，并每日进行赠品统计报营运部；营运部负责整体活动的实施和监督工作；发展部负责活动策划和赠品配比及活动解释工作。

赠品采购明细：

大店：2 元 ×200 份/天×4 店×10 天=16000 元（8000 份）。便利店：2 元×50 份/天×6 店×10 天=6000 元（3000 份）。合计：11000 份×2 元=22000 元。

赠品配送明细：

大店：2000 份/店。合计：8000 份。便利店：500 份/店。合计：3000 份。

费用预算：

赠品费用：22000 元。

福礼二：同"福"有缘人 一生伴幸福

顾客姓名中如带有"福"字者，凭当日购物小票（金额为16元以上）和本人身份证明，送价值10元的"中国电信+××同贺开业"手机长途卡一张（共2000张，送完为止）；活动期间每人每店限送一张；门店负责赠品的登记和发放工作；注意将小票加该"赠品以领"章；营运部负责活动的整体发放登记实施和监督工作，负责活动总结工作；发展部负责落实手机长途卡到位工作，并于7月5日之前将卡交付营运部发放。

费用预算：10元面值卡×2000份=20000元。

备注：××移动通信公司提供。

门店配送比例：

大店：350张×4店=1400张。便利店：100张×6店=600张。合计：2000张。

福礼三：来了就送福 2元换5元

各店购物满36元者，凭当日购物小票加2元现金，可到超市总台（便利店收银台）选购价值5元左右的商品；采购部负责5元超值商品的采购，商品目录于5日前报发展部做报纸媒体宣传；配送中心负责超值商品收货及门店配送工作；营运部负责超值商品售卖登记，并监督现金回收和超值商品盘点对账工作；发展部负责活动解释及宣传工作；门店做好销售登记工作，及时反馈给营运部。

5元商品配送：

大店：1000份×4店×10天=40000元。便利店：400份×6店×16天=24000元。合计：64000元。

福礼四：××献惊喜 礼金送给您

活动期间在各店购物金额满56元者，凭××晚报或××超市快讯刊登的5元抵金券剪角在收款时冲抵等额现金（晚报剪角有效期为7日；快讯剪角有效期为8日）；团购及场外个别专柜不参加该活动；购物金额56元以上不累计计算；发展部负责活动广告设计制作（公司名称、有效使用期、过期作废、复印或残损作废）及媒体宣传工作；营运部负责活动的具体执行，在购物券的回收登记工作中进行监督指导；财务部对门店购物券回收工作的流程进行相应培训；门店负责活动的具体执行及现场秩序的维护。

费用预计：

晚报剪角：130000份×5元=650000元。快讯剪角：100000份×5元=500000元。合计金额：1150000元。

收入预计：230000份×56元=12880000元。

费用占比：1150000元/12880000元×100%=8.9%。

备注：购物满56元以上者，不参加福礼二活动，其余活动均可参加。

福礼五：购物送晚报 日久见人心

各店购物金额满66元以上者，凭当日购物小票获赠2011年任意一季度《××晚报》一份（价值34.50元）；各店购物满106元以上者，凭当日购物小票获赠2011年半年期《××晚报》一份（价值69元）；各店购物金额满166元以上者，凭购物小票获赠2011年全年《××晚报》一份（价值138元）；发展部负责报纸派送流程培训及报社征订配合工作，负责媒体宣传及活动解释工作；营运部负责活动具体实施和监督工作，并作好总结分析。

福礼六：数百低价品　捧出福心

××连锁店 100 多种半价品、数百种低价品任顾客选择；××超市不仅有低价品，还真诚承诺：有质量问题商品包退换，不满意但可再次销售的商品包退换；采购部负责促销商品组织工作；门店负责快讯商品具体售卖及宣传工作；发展部负责快讯制作及商品报纸宣传工作。

请问：这个超市促销方案的优缺点是什么？如果你是店长，你会制定什么样的促销方案？

二、实践部分

1．训练目标：了解超级市场促销活动策略。

2．训练准备：

（1）结合所学知识，为当地超市制定一个周期的促销方案。

（2）完成周期：一个月。

3．训练地点：由任课老师指定。

学习评价

被考评人					
考评地点					
考评内容	超级市场选址三原则、超级市场购物环境设计技巧、超级市场促销活动策略				
考评标准	内　　容	分值/分	自我评价/分	小组评议/分	实际得分/分
	超级市场购物环境设计技巧	30			
	超级市场促销活动策略	50			
	超级市场选址三原则	20			
合　　计		100			

注：1．实际得分=自我评价 40%+小组评议 60%。

2．考评满分为 100 分，60～74 分为及格；75～84 分为良好；85 分以上为优秀（包括 85 分）。

第四单元　连　锁　店

本单元学习导引图

连锁店
- **连锁店概述**
  - 连锁店的定义
  - 连锁经营的主要特征
  - 我国连锁经营的发展趋
  - 连锁经营的条件
- **连锁加盟的实际操作**
  - 选择合适的加盟体系
  - 进入加盟系统的五大步
  - 对加盟体系的评估

学习目标

通过本单元的学习，您将了解连锁店的定义及特征、连锁店的历史变革与发展，学会连锁店的加盟流程等。

综合知识模块一　连锁店概述

能力知识点 1　连锁店的定义

连锁店商业业态是指经营同类商品或服务的若干个企业，以共同进货或授予特许权等方式组织起来，共享规模效益的一种商业组织形式和经营制度。它是在市场经济条件下，现代化大流通最具代表性的商业经营形式，是生产力发展到一定水平时，社会化大生产对社会化大流通的客观要求。从世界上第一家连锁公司诞生至今，连锁经营走过了 140 多年风风雨雨的历程，并以其自身独具的“以利而连、以管而锁”的优势，不断兼收并蓄各种营销策略，风靡世界。

能力知识点 2　连锁经营的主要特征

连锁店的本质是通过企业内部分工协作或企业与企业之间的分工协作，以提高零售业的组织化水平，获取竞争优势的经营方式。连锁店的成立改变了单个商店单兵作战，在经营、管理、组织上“小而全”的低水平分工、低效率营运的局面，实现了多个网点的合成作战，形成了经营、管理、组织上的高水平分工和高效营运。

连锁店由总部、门店和配送中心构成。其中，总部是连锁店经营管理的核心，其职能主要是市场调研、商品开发、促销策划、采购配送、财务管理、质量管理、经营指导和教育培训等；门店是连锁店的基础，其主要职责是按照总部的指示和服务规范的要求，承担日常销售业务；配送中心是连锁店的物流机构，承担着各门店所需商品的进货、库存、分货、加工、集配、运输和送货等任务。

与传统零售模式相比，连锁经营具有以下 4 个基本特征：

1）组织联合化。连锁店在组织形式上不再采用传统的“单体店”形式，而通常采用由一个总部（店）和 10 个以上门店（或分店）构成的“联合体”形式，就如同用一条链子将各个分散的经营分支“锁”在了一起。每一家连锁分店的经营业务不同程度地受总店的控制。

2）经营统一化。连锁店在经营方式上不再是传统的分店式经营，而是通过“克隆”的方式，实行经营统一化，包括：①经营理念统一化，即各连锁分支的市场定位、企业文化、信息传播、营销策划等的统一。②视觉识别系统统一化，即店名、标志、商标、店貌、装饰、陈列、商品及设备等的统一。③经营行为统一化，即经营方式、服务准则、行为规范、管理标准、岗位操作和营销策略等的统一。

3）作业专门化。连锁店在各个经营分支的作业安排上不再是传统的职能混合式，而是实行了科学的专业化分工。总部负责管理并通过配送中心进行集中进货和配送，门店负责分散销售，实行购销分离。同时，总部的管理职能又进一步分解经营规划与政策的制定、门店开发与设计、商品配置与陈列、采购与配送、库存与保管、财务与会计、人事与培训、促销与广告等，由专业化职能管理部门统一操作，形成集中规划下的专业管理式经营组织网络。

4）管理规范化。连锁店在管理方式上不再是传统的“单店管理”，而必须有一套规范化的管理制度和调控体系，以保证庞大而又分散的连锁经营体系内部的各类机构能协调、有效地运转，减少个体的经验因素对经营的影响。为此，现代化管理手段的应用，对于连锁经营优势的发挥至关重要。西方发达国家连锁店的发展在很大程度上正是得益于计算机管理系统、远程通信网络及其他电子技术的广泛运用。

> **想一想**
>
> 连锁店还具有哪些特征？

能力知识点3 我国连锁经营的发展趋势

连锁经营以其专业化、发挥规模效应和分工优势的特点正逐渐成为世界零售业发展的新趋势。在我国，尤其是近年来，大中型连锁企业销售规模逐年增加，销售增长明显高于社会商品零售总额的增长，在零售领域的地位进一步提高。在未来几年内，连锁业的市场份额将有望超过百货业，成为零售大军中发展最快、最先进的模式，是零售业发展的新业态。

（1）经营形式多样化：一方面，连锁经营形态多样化。连锁经营已由早期的正规连锁分化为正规连锁、特许连锁、资源连锁等形态。企业采取的连锁经营形态不局限于其中某一种，常常既有正规连锁的店铺，也有特许加盟的店铺，还有自愿连锁的店铺。另一方面，连锁企业将向各个领域发展，特别是商业零售业态将趋向多样化。中国连锁经营的发展将从零售领域向批发领域、生产领域和服务行业不断发展。如生产企业开设的专卖连锁店，将从服装、包、鞋类向汽车、家用电器等行业发展。以批发商业组织的销售网合作连锁将得到长足的发展。农村农副产品的销售连锁组织也会得到一定程度的发展。在零售业中，连锁经营将会迅速从超级市场向便利店、大型综合超市、仓储式超市、购物中心、折扣店、廉价店和家居中心等业态发展。21世纪初，便利店、大型综合超市和仓储式超市成为发展最迅速的连锁经营业态。

（2）经营区域全国化甚至国际化：一些连锁经营方式的导入早已形成了一定规模的连锁企业，我国在20世纪末开始规模化开拓国内市场，发展连锁组织，主要以在各地成立连锁分公司、建立配送中心的形式，集中在一个区域内发展连锁店，积累了大量的经验。进入21世纪后，连锁经营全国化的趋势将更加深入，并有向全球发展的趋势。连锁店的业态也将主要选择超级市场，以实现这些连锁企业在业态上向周边地区和内地的梯度转移，在新市场上取得追加效益。连锁企业实行跨区域发展是中国连锁经营向纵深发展的一个良好开端。

（3）经营规模扩大化：随着中国连锁企业营运方式的成熟和社会对连锁经营规模利益的认识提高，连锁经营的方式将发生重大变化：①实行连锁经营的零售企业越来越多。在发达国家，连锁经营一般都已占零售市场份额的30%以上，美国更是占到了60%。②连锁企业的规模不断扩大，将造就一批国产“巨无霸”式的零售企业，像上海联华、华联、苏果等。这对提高中国流通的组织化程度，加强市场的秩序化，改变商业高度的零散性，使商业组织经营规范化具有重大意义。

（4）经营手段现代化：连锁经营的有效运转和控制，很大程度上得益于现代化技术手段的运用，如信息技术、物流技术等。这就从根本上改变了中国传统商业的面貌，也为国家市场管理部门（工商、财政、税收等）实施以高层的有效管理和控制创造了良好的技术条件。可以断言，随着科学技术的进步，连锁经营手段将更趋现代化。

（5）连锁企业竞争更激化：我国加入WTO后，流通领域的变革和发展进入了一个全新的时代。在机遇和挑战并存的零售业中，超市连锁企业的竞争更加激烈，而这些连锁企业跨区域的经营将把这种竞争引向周边地区，直到全国市场。21 世纪初，在沿海城市和主要城市中，连锁型的便利店、大型综合超市、仓储式超市之间的竞争日趋激烈。这种竞争随着这些企业经营区域和规模的扩大，向内地和农村市场转移。21 世纪，中国商业的竞争将主要是连锁企业之间的竞争。

想一想

回顾连锁店产生的历史背景，并根据自己的理解预测连锁店的发展趋势。

能力知识点 4　连锁经营的条件

从连锁经营的产生以及发展历史可以看出，连锁经营的诞生已有 140 多年历史，但是连锁经营走向成熟只是近几十年的事情，这说明连锁经营的发展还需要一定的条件。

1）连锁店必须建立一整套行之有效的管理标准、管理制度和管理方法，如加盟店所用的经营手册，以完成对加盟者的前期速成培训，成为经营管理中的“标准字典”。

2）必须实行统一的经营管理：实行统一的经营管理，建立一整套以管理制度、管理标准和管理方法为中心内容的管理系统，是连锁经营的又一个支持条件。连锁经营不单是数量上的扩张，它必须具备先进的管理水平。现代连锁经营总部的管理要点主要有：①制定统一的经营政策，包括统一的组织政策、统一的商品开发政策和统一的价格政策。②统一的店铺开发政策，包括统一进行商圈测量，以确定商圈范围；统一进行店铺规划；统一采购店铺设备等内容。③统一的促销政策，包括统一的促销计划、统一的促销实施方案、统一的促销方法、统一的促销检查和评估方法等内容。

3）必须建立高效的配送中心：配送中心是实行连锁经营必不可少的设施。有了高效的配送中心，才可能实现统一进货、集中库存、统一配送、各店分销的连锁经营方式，实现直接的产销衔接，增强商业对市场信息需求的反馈能力，实现在商品配送中心内统一结算和商业信息的自动化管理，实现物流、财务乃至整个连锁企业的管理科学化，从而促进生产、满足消费、降低生产资源的配置成本和代价，以便于企业享受较高的价格折扣，降低流通成本和销售价格。由于将商品集中保管，按各门店的需求统一配送，实现了“最少环节、最短运距、最低费用、最高效率”，从而大大提高了经济效益。同时，通过统一进货，严把质量关，杜绝“假冒伪劣”商品，提高了连锁超市企业的信誉。

4）必须建立现代化的信息管理系统：信息管理系统是连锁经营顺利运转、规模扩张、引导供应商和创造消费需求的重要保证。连锁经营使店铺的数量增多，意味着信息传递的距离拉大，如果信息传递手段落后造成信息到达滞后，就必然导致经营管理出现盲区，致使决策滞后。连锁经营规模扩大，其商流、物流和资金流量也相应增加，如果信息反映滞后、零散，无法显示出企业经营规模的真实情况和市场的现在和未来，连锁超市对商流、物流和资金流量的控制就会不准确，这将直接影响到连锁经营的均衡发展。因此，现代化的信息管理系统将成为连锁经营能否顺利发展从而获得竞争优势的一个关键因素。

举一反三

一、理论部分

（一）填空题

1．连锁店商业业态是指____
____。

2．连锁经营的主要特征包括__________、__________、__________、__________。

（二）简答题

1．简述我国连锁经营的发展趋势。

2．连锁经营的条件是什么？

（三）案例分析

7 天连锁酒店集团于 2005 年注册成立，2008 年 11 月注册会员已近 500 万，2009 年 1 月 7 天网站在经济型连锁酒店网站排名第一，成为全球第一酒店网站。作为中国连锁酒店行业的领先品牌，秉承让客人“天天睡好觉”的愿景，集团自成立以来一直从关注客户的核心需求出发，在产品及服务流程的设计上不断整合创新，致力于向客人提供环保、健康、便捷的专业酒店服务；致力于向超过 1300 万“7 天”会员提供更具人性化的优质会员服务。7 天酒店是拥有业内最大忠诚度会员体系的连锁酒店，也是保持业内最快规模发展速度的连锁酒店，它是缔造了酒店业内第一电子商务平台的连锁酒店。

熟知 7 天酒店的人都知道，作为中国酒店业第一电子商务平台，7 天是目前唯一一家能同时提供 4 种便利预订方式的连锁酒店，包括网上预订、热线预订、Wap 预订、短信预订。

产品创新之一：以“天天睡好觉”为核心的“加减法”

7 天创始人郑南雁称：“7 天的核心理念是做‘加减法’，减去一些不必要的服务，围绕‘天天睡好觉’这个核心理念做增值服务。”

入住 7 天的客人会发现，这个经济型酒店看上去的确够节俭：狭窄的大堂除了前台外，经常还承担着一个简易餐厅的功能。大堂不设报刊架和饮水机的理由是，其前台的高效率根本无须客人等待（按规定，前台办理入住手续的时间不超过 3 分钟，办理退房的时间控制在 1.5 分钟内）。

1）7 天对成本控制隐藏在执行力的魔鬼细节中。7 天的客房里，桌板代替了抽屉，壁架取代了衣柜。这不仅节约了成本，也节约了服务员整理房间的时间，使得前台在办理退房时速度更快；7 天不会在每一个房间都配备吹风机，而是放在每一个楼道的公共区域，供需要者使用。7 天另一个令同行望尘莫及的控制成本的方法是，尽可能将窗户开小，以致被人笑话其窗户可以与监狱的铁窗“媲美”。但 7 天的解释是，由于酒店一般处于闹市区，客人很少会选择通过窗户欣赏风景，相反，窗户越大意味着越吵。当然，小窗户也为 7 天省下了大幅窗帘的费用。

2）7天在“吝啬”的同时，却在打造“天天睡好觉”方面不吝投入。7天的商务大床房的枕头达到了五星级酒店的标准，由荞麦制成，而非其他同类型酒店的棉花枕头；所有房间的床垫和某五星级酒店的供应商是同一家；床铺尺寸均大于同级别的酒店；提供营养早餐和防滑功能的拖鞋，并规定，洗澡水要在10秒内达到由凉转热。同时，在商务大床房中，7天取消了一次性用品，提供牙刷牙膏的旅行套装，7天提供的高露洁牙膏，很多客人并不会用一次就扔，甚至有不少客人将牙膏带回了家。

3）7天试图满足的是客人对客房的最基本、最重要的需求：干净、舒适。7天在每一个城市都设立布草管理中心，将所有的床上用品分类送至洗衣厂，不允许任何污渍或锈迹，并必须达到一定的柔软度。7天还对洗衣厂规定了所用洗涤剂的用量和品牌，并配置人工进行抽检，而非机器。

产品创新之二：“77”元大床房，实现“抢逼围”策略

在7天连锁酒店的官网首页上，每天都有不同的促销活动，而让7天酒店为大众所知的产品就是“77”元抢住大床房的宣传活动，只要在指定时间内成为7天酒店网站会员，即享受77元入住7天分店大床房一晚的机会。该活动在7天酒店的各大分店均可实行，这一消息一经传出，不管是商务旅客还是普通游客都予以高度关注，特别是在北京、上海、广州等地，如果能以77元入住一家经济型酒店，绝对是超值享受，这一策略推出之后，7天酒店的知名度迅速提高，网站会员注册量节节攀升。

请问：7天连锁酒店为什么发展那么快？其成功的秘诀是什么？

二、实践部分

1．训练目标：模拟某连锁经营餐饮企业，认识连锁企业的经营模式。

2．训练准备：

（1）收集某连锁经营餐饮企业的相关资料，主要是经营模式等。

（2）完成周期：一个星期。

3．训练地点：由任课老师指定。

学习评价

被考评人					
考评地点					
考评内容	连锁店的定义、连锁经营的条件、连锁经营的发展趋势				
考评标准	内　　容	分值/分	自我评价/分	小组评议/分	实际得分/分
	连锁店的定义	30			
	连锁经营的条件	50			
	连锁经营的发展趋势	20			
合　　计		100			

注：1. 实际得分=自我评价40%+小组评议60%。

2. 考评满分为100分，60～74分为及格；75～84分为良好；85分以上为优秀（包括85分）。

综合知识模块二

连锁加盟的实际操作

能力知识点1　选择合适的加盟体系

连锁经营作为一种先进的营销形式，无论是对企业还是对个体来讲，都是有益的。但在众多连锁店中，并非每一种连锁经营方式都适合加盟。“知己知彼，百战不殆”，每一个加盟者在加盟前都需要做好全面的加盟体系评估及调查，弄清楚需要注意的重要事项，以此为依据确定自己是否适合加盟这个体系。这是成功的第一步，绝不可小视。

自我评估的内容比较复杂，既包括个人的条件，也包括整体的素质。

1. 个人条件（见表4-1）

表4-1　个人条件一览表

序　　号	具 体 条 件
1	对欲加盟的连锁体系是否有比较全面的了解
2	自己的个性是否适合当老板
3	自己的年龄和健康状况能不能适合各项营销业务的开展？能否确保赚回成本并获得利润
4	有没有足够的资金和收入使自己在创业初期能够打牢基石不断发展下去
5	有没有足够的意志力和决心去承受创业期间的亏损和挫折
6	是否具有承担加盟失败风险的心理承受能力和经济支撑力
7	个人的能力和条件是否适合在此加盟体系中得到发挥
8	能否妥善地领导和管理员工
9	愿意接受总部的要求、管理和监督吗
10	能否全身心地投入此加盟体系的经营
11	家庭是否能够做到全力支持此加盟事业
12	能否筹措到足够的资金
13	自己所追求的目标（如工作的满足感、固定的工作、赚钱）是否能够实现
14	会不会是一时的冲动而加盟？一个时期后是否仍能保持同样的热情？会不会虎头蛇尾
15	是否会产生对总部的不满
16	是否因为别无选择而加入此连锁体系
17	是否已经准备好全身心地投入加盟事业
18	是否选择了合适的位置
19	所选择的商圈是否经过审慎的评估
20	此种连锁业的竞争优势和未来的发展如何
21	所选择的连锁体系是否专业？过去的经验是否经受过长期考验
22	是否亲自拜访并请教过已加盟的加盟店？从他们那里学到了什么经验

以上表格中的这些条件，请加盟者进行认真思考并作出回答。如果超过 10 条是负面的，说明你不适合此加盟事业，应该放弃原来的意向；如果只有 5～10 条是负面的，你需要再次仔细考虑，并调整自己以后再加盟；如果有 5 条以下是负面的，你就是最适合的加盟者。

任何事情都不可能是十全十美的，只要稍加注意这些负面因素，找出替代或解决的办法，加盟成功必然是属于你的。

想一想

假如你要经营连锁店，你认为你适合哪个行业？

2. 整体评估事项

表 4-2 中的内容可作为加盟前的评估事项，供有意加盟连锁经营的加盟者作出明确的评估和审核。

表 4-2　评估事项一览表

序　　号	具 体 事 项
1	你将加盟的企业是否属于代表未来市场营销趋势的行业
2	个人投入该行业的兴趣度如何？是否与自己的喜好有关
3	是否愿意全身心地投入
4	商圈选择是否合适？店铺所在地是否与该店的经营品种相关或相近？连锁总部可否提供商圈评估的协助，并协助寻找地点
5	加盟者能否负担加入时所需的总投入和周转金
6	连锁总部可否协助资金的取得
7	如果加盟开办费用较低，则欲加盟的连锁系统的开办费、装潢费用、设备采购的供应与其同业相比较，可否属于同级水平？其成本或费用是否较为节省
8	考虑投入经营所需要的每月费用：连锁系统的整体统一规划与执行可为加盟店节省每月的促销广告宣传费用与行政管理费用。对未来每月、每日的业绩预测：如果该连锁系统的知名度高，得到消费者的广泛认同，则加盟后即可获得比同类店更高的业绩，如来客数量等
9	评估投入经营的可能获利率。该连锁体系所提供的经营管理技术能否带来更高的利润？其商品进价因集中大量采购是否能够比同业的成本低，毛利因而提高
10	预估投资回收期。与同业相比达到 1～2 倍以上，或银行现行利率的 2～3 倍以上为较佳。到已加盟的连锁店作实地考察、了解。也就是说，在加盟之前要访问一两家已经加盟并在经营管理中取得了一定经验的加盟者，从中学习他们的经验，了解营业和获利情况，进行参考

能力知识点 2　进入加盟系统的五大步骤

进入加盟系统最好能按部就班，循序渐进。或者说，要按照一定的步骤进行，不可想当然办事。其步骤一般是：拟订经营计划—— 认识加盟——汇集了解加盟以深入地分析比较—— 从中筛选出确实有发展前途的—— 获得成功的加盟体系。

在决定加入某个加盟体系后，接着就要进行磋商，取得一致意见后签订加盟合约。虽然许多加盟总部强调共同发展的理念，但基本上仍会从总部的立场出发来考虑问题，而加盟者也会有自己的思想。为此，双方要进行协商，以在保证金、设定抵押的条件上有许可的弹性，尤其是地理位置较好的店铺，加盟总部都会有条件地进行让步。尤其是在发展的初期，为求其快速发展，协商的空间较大，随着连锁加盟规模的扩大，弹性可能会越来越小。

能力知识点3 对加盟体系的评估

许多加盟者在考虑选择加盟体系时，往往主要考虑知名度、是否可以使自己获利，而忽略一些其他问题。加盟者必须对加盟体系进行比较全面的评估。具体地讲，主要包括以下一些内容：

（1）品牌知名度：在即将加入的区域，目标客户对企业的知名度达到50%以上为可以；达到80%以上为佳；达到30%以下为不佳。

（2）直营店成功的概率：总部至少已经经营了10家直营店，而且90%的直营店有较大的盈利，这是处于最佳状态。

（3）独特性与竞争性：该连锁体系的产品和服务有独特性，也就是有自己的特色，其技术含量高，具有较强的竞争力。

（4）盈利性：产品服务的毛利如果没有达到25%的为不佳；达到25%～40%的为佳；达到40%以上的为最佳。

（5）普及性：如果一种产品及服务为消费者普遍需要，经常消费的（如间隔1～2天）为最佳；每周消费一次的为佳；每月消费一次的为差。

（6）损益平衡点：损益平衡点高，则预示未来的风险性也高。损益平衡点每日营业额为5000元以内者为最佳；5000～10000元者为佳；10000～20000元者为普通；20000元以上者为差。损益平衡点每月营业额要根据行业的特点加以调整。

（7）投资额：初期的投资额在50万元以下者为最佳；50～100万元为佳；100万元以上者为差。

（8）进入的难易度：欲加入连锁体系的加盟者通常要有经验，而且需要接受训练。一般的标准是，行业以外的人需要培训一个星期，实习一个星期，开店辅导一个月就应能比较熟练地掌握标准，否则就难以进入。

（9）总部的实力：依据加盟后总部可提供的经营软件、培训人员的素质、总部人员任职的时间长短、企划活动能力等，对总部的实力进行评估。

（10）总部内部的管理控制：无论是否为上市公司，公司内部都应有一套完整的连锁加盟制度，其中最主要的内容包括：

1）经营管理系统及执行办法。

2）加盟店的支援系统，包括人力、物力和财力的支援。

3）收费方面的管理办法。

4）顾客组织与管理办法。

5）订单流程管理系统。

6）持续且分阶段的教育训练办法。

（11）合作条件：必须注意加盟系统所提供的契约条款是否合理，并符合欲加盟者目前自身的实际条件；总部是否有律师担任长期的顾问，可以作为总部及加盟者各项法律问题的咨询者。

（12）未来性：此连锁行业未来是否属于成长性的行业、愈来愈被消费者需要和依赖。

以上 12 个方面，加盟者可依其重要程度加以综合评价，按下列 5 个等级评比打分：优级 10 分；佳级 8 分；普通 6 分；略差 4 分；极差 2 分。

如果 12 项的总得分在 80 分以上，加盟者可以放心加盟；在 60～80 分之间，则必须慎重考虑；如果得分在 60 分以下，加盟者就应该放弃。

这里还有一点应当引起加盟者的注意：不能只看表面的加盟条件，如加盟金、投资额和可获利润等，重要的是加盟之后长期的考虑，而不是短期获利。所有的加盟投资都需要长时间投放，所以能否长期经营及长期获利才是重点。

举一反三

一、理论部分

（一）填空题

1．选择连锁加盟时，自我评价的内容既重要又复杂，自我评价的具体内容包括：__________、__________。

2．进入加盟系统的五大步骤：__________、__________、__________、__________。

（二）简答题

1．简述加盟体系的评估内容。

2．现代连锁经营总部内部的管理要点主要有哪些？

（三）案例分析

乔伊丝饰品连锁店的选址

随着创业热的不断升温，越来越多的人加入了创业的大军，于是各种小店应运而生，有经营服装的，也有经营各种饰品的。但是开店并非像人们想象的“今天开张，明天赚钱”，在店铺的运营过程中，牵涉到选址、融资、进货、营销、财务管理等诸多环节，任何一个环节考虑不周都可能导致整个投资链的断裂。因此，在投资开店前应就开店的细节问题进行深入仔细的研究。但如何才能选到一块“黄金宝地”呢？

国际著名时尚品牌乔伊丝饰品连锁体系直营店及加盟店店面选址的成功率均高达99%以上，到底是一些什么样的因素支撑了其如此之高的店面选址成功率呢？下面就来与大家一起分析乔伊丝饰品加盟连锁体系的选址“战略”和“战术”。

1．“客源”=“财源”

乔伊丝饰品连锁认为，对于一个创业者而言，消费者的消费是关键，看一个店铺的位置是否优越，首先要看它是否能带来充足的客流。

上海的王小姐在 2010 年决定创业，经过紧张的筹备，她的饰品店开业了。但是一个月下来，店里的生意一直很冷清，极少有消费者光顾。仔细分析后才发现，失败的原因是当初在选择店址的时候，没有充分考虑客流这个因素。店铺的位置比较偏僻，人流量较少，虽然付出的租金较少，但最后带来的收益也少。有了这样的教训，她在重新选址时充分考虑了客流这一因素，根据周围的人流密度、交通情况以及居民的收入水平，将店铺的位置选在了一个住宅区比较集中的路边。

王小姐很有感触地说，选址时要牢牢记住“客源”就是“财源”，将店铺的位置选在人流比较集中的商业区，虽然会有租金、竞争压力等困扰，但是店铺比较集中的位置，反而有利于人气的积累，千万不能因为这些担心而将店铺选在偏远地区，这样做的结果只能是得不偿失。

2．商圈是关键

所谓“商圈”，是指以店铺的所在地为中心，向四周延伸至某一距离所形成的圆形消费区域。乔伊丝饰品连锁认为，货物的销售通常要受一定的地理范围的限制，也就是货物一般具有相对稳定的商圈，饰品行业尤其如此。不同的店铺因为商品的种类、地形、地域风光、经营规模、交通条件以及消费者层次等方面的不同，其商圈的形态和规模存在着很大的差别。因此乔伊丝饰品连锁店在店铺选址时，一般会根据具体的情况确定合适的商圈，从而对店址进行正确的定位。

3．要从长远处着眼

并不是选择最繁华的地段就一定能够挣钱，要用发展变化的眼光看问题，可能今天还是繁华商业街，明天就会变成冷僻之地。

成都的何女士在选择店铺时，就将店铺的位置选在了一个人流密集、商业活动频繁的“黄金”地段，正当她准备大干一场时，市政府将这一地区纳入了近期规划的范围，众多商户纷纷撤出，原来的繁华再也不复存在了。

可见，乔伊丝饰品连锁店的选址不仅是关注现在的状况，更是从区域长远发展的角度进行考虑，不仅了解相应的政策规划的变动，还要注意未来的发展动向。

4．选址要注意群聚效应

经常会看到，一家饰品店的旁边会有其他的饰品店，这些相关的店铺聚集在一起，不仅没有因为相互间的竞争而被拖垮，反而提高了目标消费群的关注度，从而使相互间的关系更加趋于稳定。因此，乔伊丝饰品连锁店在选择店址时，不但不抵触经营对手，必要时甚至要和竞争对手联合起来。

5．去劣取优选店址

在店址的选择上要综合考量很多的因素。有时，次优的位置反而比最优的位置创造更多的利润空间。

云南的方小姐就没有将店铺选择在繁华地段，而是在一所大学的旁边开了一家中档的乔伊丝饰品专卖店，周围也没有其他的饰品店。但是这个小店每个月给她带来超过万元的净利润额。因为，她的乔伊丝饰品相对来说性价比非常高，比较适宜还没有在经济上取得独立的大学生，因此，经常有大学生来光顾她的小店，并挑选到心仪的饰品。

由于店面选址的重要性，乔伊丝饰品连锁加盟体系通常会直接对其加盟店提供选址方面的帮助，或是派出专业人员赴实地帮助选址，或是对加盟店申请者的店面进行审核评估，以防止店址的错误选择。

总之，对创业者来说，店铺的选址是一项关乎生意兴衰的重要因素。在选址的过程中，不仅要从人口密度、地理环境、地形特点等常规的方面进行考量，还要从区域经济、收入水平、居住区规划等发展趋势加以考虑。另外，店铺所在道路的特点、店铺的构型都应纳入考虑的因素。选择合适的店址，应综合以上的各种因素加以考量。如果是开设加盟店，还应善于取得加盟总部的支持，借助加盟总部的专家的经验对店址进行评估论证，切忌盲目开店。

（资料来源：博锐管理在线）

请问：1．连锁经营选址的关键是什么？

2．乔伊丝饰品连锁店成功的关键是什么？

二、实践部分

依实际情况，参观若干家不同的连锁店，对比它们的经营特色，分析其优势劣势，并分小组进行讨论。

学习评价

被考评人					
考评地点					
考评内容	选择合适的加盟体系，进入加盟系统的五大步骤，对加盟体系的评估				
考评标准	内　　容	分值/分	自我评价/分	小组评议/分	实际得分/分
	选择合适的加盟体系	30			
	进入加盟系统的五大步骤	50			
	对加盟体系的评估	20			
合　　计		100			

注：1．实际得分=自我评价 40%+小组评议 60%。

2．考评满分为 100 分，60～74 分为及格；75～84 分为良好；85 分以上为优秀（包括 85 分）。

第五单元　仓储式商店 5

本单元学习导引图

仓储式商店
- **仓储式商店概述**
  - 仓储式商店的定义
  - 仓储式商店的特征
- **仓储式商店的选址及其经营技巧**
  - 仓储式商店的选址策略
  - 仓店合一超市魅力摆放的八大技巧
  - 仓储式商店降低成本的四大技巧
  - 仓储式商店商品的十种定价方法
  - 仓储式商店的信息系统

学习目标

通过本单元的学习，您可以了解仓储式商店的定义及特征，学会仓储式商店的选址策略和定价方法。

综合知识模块一　仓储式商店概述

能力知识点 1　仓储式商店的定义

仓储式商店是一种集商品销售和存储于一体的零售形式，这种商店规模大、资金投入少，大多利用废弃不用的仓库、厂房营业。场内无豪华装饰，以简洁、自然为特色。仓储式商店是零售业的后起之秀，继承和发展了大型百货、综合超市的营业特色。

我国国家国内贸易局发布的《零售业态分类规范意见》对仓储式商店的定义是：以经营生活资料为主，储销一体、低价销售、提供有限服务的零售业态（其中有的采取会员制形式，只为会员服务）。

能力知识点 2　仓储式商店的特征

1. 位置相对偏僻

仓储式商店一般选址在城市的城乡结合部，店铺的土地开发成本低，租金也比较便宜，这使得仓储式商店可以为消费者提供较大面积的停车场，同时这也是和大都市的规模不断扩大从而出现城市空心化相适应的。这种商业形态也称做点状商业或通道商业，即一个无其他商业配合的独占的商店，一般都要有较好的交通条件。

2. 仓店合一，外观像仓库

仓储式商店大多利用废弃的仓库、厂房等，店内基本不做装修，水泥地面，设施简朴实用，一排排高大的货架整齐地排列，货架分隔为几层，最上面的几层作为仓储区存放整箱未打开的大包装商品，下面几层作为陈列区和展示区，陈列打开的大包装商品供消费者选购。仓店合一的方式既省掉了独立的仓库和配送中心，又能够从时间上做到快速补货，空间上的立地垂直补货适应了大量销售商品、物流速度快的销售特点。这样既可以省去仓储费用，还可以充分利用空间，扩大营业面积，同时还可以降低商品库存，加大商品周转速度，提高资金利用率。仓店合一既是仓储式商店的基本特点之一，也是其名称的由来。

3. 品牌经营，突出质量

仓储式商店所经营的商品一般精选现有市场上畅销的，具有较高市场占有率的品牌，提高商品的周转率。同时随时关注经营变化和消费者的偏好转移，及时调整品牌结构。大规模的采购使得商家可以货进源头，保证商品质量。注意先于其他商场进行新奇特产品的试销，引领消费潮流。对于资金实力比较雄厚的商家还可以开发和经营自有品牌，实施自有品牌（Private EOS Brand，PB）战略，由商业向制造业渗透，迅速将消费者需求转化为商品，同时提高消费者对商家的忠诚度。

4. 开架自选，批零兼营

仓储式商店内一般不设封闭式柜台，消费者可以自由自在地在商场内挑选商品。由于采用了开架自选的售货方式，可比百货商店减少 2/3 左右的人力，大大减少人力成本，而且还可以缩短消费者与商品之间的距离，减少了消费者购物的压力，并且通过营造良好的购物氛围、成垛堆码的商品、熙熙攘攘的人群，刺激消费者的购买欲望，扩大商品的销量。

仓储式商店的消费者主要是小型零售店业主和社会团体，所以要灵活采用批零兼营、以量定价、量多优惠的定价策略，以满足不同类型的消费需求。

5. 卖场规模大

仓储式商店的营业面积一般在 10000m^2 以上，有的甚至达到几万平方米，同时设有大型停车场。仓储式商店商品种类的涵盖面很广，为消费者提供“一站式购物”服务。食品（含一部分生鲜）、副食、洗涤用品、文具、玩具、衣帽、鞋类、箱包、健身器材、家用电器、厨房用具、办公设备、化妆品等一应俱全。有些仓储式商店还专门设有“精品区”，销售高档皮具、相机、首饰、保健品等，满足消费者多层次需求。各商品大类中筛选出最畅销的大众化的名牌商品，每一类仅销售不多的几个品牌，根据市场需求变化不断加以调整，并积极引进和开发新的商品。比如世界第三大零售商德国的麦德龙，在德国国内开设了 53 家连锁店，海外开设 10 家，其经营面积均在 20000m^2 左右，单店经营的商品品种达 1.7 万种。

6. 实行会员制，稳定消费者群

会员制是零售经营方式的一个创新，零售业的消费者开始转向有管理的消费者制度。仓储式商店会员有两类：一类是小型零售店和社团消费，另一类是家庭个人消费者。会员可享受信息、价格、服务等方面的优惠，实行会员制有利于形成稳定的消费者群体，同时便于商家了解市场的消费动态，进行市场分析。通过配备的计算机系统，管理者可迅速查找所需资料，并对不同的消费者开展有针对性的促销工作。因此从这个角度看，实行会员制是国外仓储式商店的一个必不可少的经营措施，会员制具有如下优点：

1）可以建立长期稳定的消费市场。通过会员制，商家以组织约束的形式，把大批不稳定的消费者变成稳定的客户群，从而大大提高了仓储式商店的营业额和市场占有率。

2）培养了大批品牌忠诚者。通过会员制，成为会员的消费者会长期在仓储会员店购物，这样很容易产生购买习惯，从而逐渐培养起消费者对零售商品牌的忠诚感。

3）会费收入相当可观。在国外，仓储俱乐部的会费收入往往高于其利润数额。若扣除这部分会费，许多仓储式商店几乎没有利润，比如沃尔玛的山姆俱乐部，其基本开支约占营业额的 8.7%，而其毛利只有 8.4%，其亏损差额主要靠会员费、供应商的回扣等其他收入来弥补，这块收入为数不小，足以抵亏而有盈余。

7. 连锁经营

连锁经营是指连锁总部对下属连锁分店按照统一领导、统一采购、统一配送、统一价格、统一核算、统一计算机管理、统一企业形象、统一服务规范的“八统一”原则进行管理。其目的是为了获取规模效益，降低成本，进一步增强市场竞争力。连锁经营已经在西方发达国家的零售业中占据了主导地位，成为零售企业发展的基本模式。单店经营很难生存，它要么在第一家单店经营成熟后不断地开出新的分店，要么就加入到其他连锁企业集团中。

> **想一想**
>
> 仓储式商店与超级市场的异同点。

举一反三

一、理论部分

（一）填空题

1．仓储式商店是____。

2．仓储式商店的特征包括________、________、________、________、________、

________、________。

（二）简答题

1．简述连锁经营的内容。

2．仓储式商店为什么选址要在位置相对偏远的地方？

（三）案例分析

1964年，在商业领域中一个崭新的理念和管理方式在德国诞生了，这就是麦德龙。它在全球28个国家中经营现购自运制商场、大型百货商场、超大型超市、折扣连锁店、专卖店等。目前年营业额高达500亿欧元，员工超过23万人。麦德龙现购自运是麦德龙集团旗下最具销售能力和最国际化的分支机构。麦德龙是德国最大和最成功的企业之一，是欧洲第三大、世界第五大贸易和零售集团，在28个国家内拥有员工大约235000名。

在过去几年中，作为日益强大的跨国公司，麦德龙集团的重要性在不断提升。引进“麦德龙集团”理念旨在加强公众眼中的麦德龙形象，建立唯一身份标志、集团精神和目标，这一理念将在集团运作中体现。

麦德龙集团结构清晰，最高层是麦德龙集团公司，从战略上管理整个股份公司。麦德龙集团公司的运作分成四部分，拥有六个独立销售区域及不同品牌。现购自运针对商业和专业顾客，其他部分则针对零售销售和最终顾客。所谓的跨区域服务公司，即为集团内所有销售区域提供服务，如采购、物流、信息技术、广告、财务、保险、餐饮。

请问：麦德龙集团组织结构具体包括哪些？

二、实践部分

1．训练目标：分析一家仓储式商店的经营理念、营销策略。

2．训练准备：

（1）因仓储式商店不是每个地方都有，建议去网上查阅一家仓储式商店的资料。

（2）完成周期：一个星期。

3．训练地点：由任课老师指定。

学习评价

<table>
<tr><td>被考评人</td><td colspan="5"></td></tr>
<tr><td>考评地点</td><td colspan="5"></td></tr>
<tr><td>考评内容</td><td colspan="5">仓储式商店的定义，仓储式商店的特征</td></tr>
<tr><td rowspan="3">考评标准</td><td>内　　容</td><td>分值/分</td><td>自我评价/分</td><td>小组评议/分</td><td>实际得分/分</td></tr>
<tr><td>仓储式商店的定义</td><td>40</td><td></td><td></td><td></td></tr>
<tr><td>仓储式商店的特征</td><td>60</td><td></td><td></td><td></td></tr>
<tr><td colspan="2">合　　计</td><td>100</td><td></td><td></td><td></td></tr>
</table>

注：1．实际得分=自我评价40%+小组评议60%。

2．考评满分为100分，60～74分为及格；75～84分为良好；85分以上为优秀（包括85分）。

综合知识模块二

仓储式商店的选址及其经营技巧

能力知识点1 仓储式商店的选址策略

有人把商店经营成功秘诀的首要因素归为选址。因为选址是零售企业唯一难以迅速改变的经营因素。对仓储式商店而言，如果自建营业场所的话，将有很大一部分投资花在买地建房上，如果开店后发现选址不科学不理想，再想改变选址就难之又难。若想通过其他方式来弥补，又常常劳而无功，由于选址不当使许多仓储式商店蒙受了较大的损失，甚至开张后不久就惨淡经营。因此要开办一家仓储式商店，放在首位的工作便是挑选一个合适的店址。几乎所有进入中国市场的外国大型仓储式商店，如沃尔玛、麦德龙、家乐福等，在进入中国市场之前都对中国市场进行了长达数年的市场调查，投入了巨额资金委托专业公司进行市场调查，并据此制定出一整套详尽的长期投资和发展规划。

仓储式商店作为一种独特的营销模式，其选址同其他零售业态有很多不同之处，一般说来，应当遵循以下一些原则。

1. 选择经济发达的城市

就我国目前的状况来看，仓储式商店的核心消费者群是中小零售业主和高收入的家庭，所以在中小型城市发展仓储式商店还为时尚早。选择经济发达、人民收入水平较高的城市是兴建仓储式商店的首选地。这些城市人口密度大，人均收入高，需求旺盛，工商业发达，居民的消费观念容易接受仓储经营模式，有较大的发展潜力。我国经营情况较好的仓储式商店大都集中在北京、上海、广州等经济比较发达的城市。

2. 选择城乡结合部

以低价为主要特色的仓储式商店建在城乡结合部，可以背靠城市，同时又面向农村。城乡结合部远离市中心，避开跟大型百货中心的竞争。同时避免市区的交通拥堵，方便小零售业主和家庭来批量购物。所选地点一定要满足以下3个条件，才能获得理想的效果。

1）该地点土地价格和房屋租金要明显低于市区，土地价格一般是在市中心的1/10以下，以减少仓储式商店投资，降低运营成本，为仓储式商店的低价格销售创造条件。

2）交通便利，一般要靠近高速公路或主干道。一方面方便消费者前来购物，另一方面兼顾厂家或供应商送货的方便。值得注意的是，仓储式商店在选址中对交通便利性的要求大大高于大型综合超市，即要具有交通运输的顺畅性、辐射性和枢纽性。便利的交通可以使超市的商圈辐射半径达到50km。否则会明显减小它的商圈半径，影响商品销售量。

3）要符合城市发展规划，与城市的总体发展方向相吻合。这种地方将来人气会越来越旺，人口密度增长迅速，人们的收入提高也比较快。城市的发展会给仓储式商店带来大量客流量，降低投资风险。普尔斯马特在北京的第一家会员店开在学院路的北侧，就是瞅准了学院路和中关村、上地一带的发展势头和政府对这一地区的重点建设。

3. 独立设置门店

仓储式商店一般采取会员制，拥有比较固定的消费者群体，这种独特的经营手段使得它可以独立设置门店，有条件将店铺设在市郊，以低廉的价格租用大面积的店铺和大型停车场。仓储超市的目标消费者中一是小型零售业主和社团，我国有大量竞争力很强的批发市场，要注意保持一定距离，避开与这些批发市场的正面交锋。仓储超市的另一主要消费群体是家庭和个人，这就要求与大型综合超市的商圈不要重叠，以免减少自己的散客流量。

4. 为连锁发展作长远打算

仓储式商店设立门店要从长远的发展战略出发，通盘考虑连锁发展计划，切忌盲目"摊大饼"，单纯为追求数量和规模而快速设立分店。仓储式商店的连锁门店分布要有长远的规划，并要有一定的集中度，以利于总部实行更加精细、科学的管理，节省人力、物力、财力，不可"天女散花"，随意布点，每一个门店的设立都必须为整个企业的发展战略服务。

在仓储式商店选址时，除了遵守以上一些原则外，在具体选址时还应重视考察以下几点。

1. 能见度

能见度是商店被往来行人或乘车者所能看到的程度。仓储式商店一般选在城乡结合部，人口密度小，地势比较开阔，所以选择一个能见度较高的地点尤为重要，使人们能够易见、易寻。场所能见度高，商店就容易引起客流的关注，他们来店购物的可能性就越大。比如可以选在两面临街的十字路口或三岔路口。法国家乐福选址的落点注定是在十字路口，家乐福的法文意思就是十字路口，而家乐福的选址也不折不扣地体现这一个标准——所有店铺都开在了路口，巨大的招牌 500m 开外就可以看得一清二楚。

2. 店铺的适用性

如果要征用土地自主建设店铺，要考虑土地面积和形状与商店的类型是否相符，如果租用现成的仓库或厂房，则要考虑建筑的构造、材料、立体造型及其可塑性，仓储式商店由于存售一体，货架比一般商场高，相应地要求建筑物的层高也比较高。

3. 顺应城市建设发展规划要求

了解该地区内的交通、街道、市政、绿化、公共设施、住宅及其他建设或改造项目的规划——这就需要跟政府有良好的人际关系，国际上的商业巨头都专门设有政府公关部门来收集信息。北京麦当劳动物园店（路南）在始建时，并没有像它的对手肯德基动物园店（路北）那样面临主干道，而是建在向南的第二个街区，诚然，那里有居民可作支持，但在 2000 年，这个选址的科学性才真正体现出来：路南临街的第一个街区因为位于拓路的红线以内而被推土机铲平。现在，这一家麦当劳成了临街店。

4. 商场所处地区的基础设施情况

商场所处地区的基础设施情况主要包括道路设施状况，水、电、气、暖等的供给状况等。如果基础设施过于落后，则会为经营带来种种不便。独自铺设管道和线路又会加大前期投资。

5. 交通便利性

针对交通便利性，主要了解两方面的情况：①该地是否接近高速公路或主要干道，交通网络能否四通八达，商品从火车站、码头运至商店是否顺畅迅速，什么时段允许大型货车通过——因为大城市普遍对大型货车实行运输管制，中心区许多街道不允许通货车，有的只允许夜间通车。②该地是否有较密集的公交汽车路线经过，公交车停靠点离超市的远近程度，当前我国私家车普及不广，这点显得尤为重要。这直接关系到消费者购物的便利程度。

> **想一想**
>
> 仓储式商店为何能做到物美价廉？

能力知识点2　仓店合一超市魅力摆放的八大技巧

仓储式商店的一个突出的特色就是货场面积大、货品丰富、种类齐全。怎样将这些货物精心摆放，以方便消费者的购买，同时激发消费者的购买欲望，的确是一件值得认真考虑的问题。引人注意的陈列是良好销售业绩的基础，同样的商品如果运用以下一些陈列技巧，进行良好的陈列展示，会给消费者留下截然不同的印象。

1. 时常变换陈列

一个超市或商场如果长时间都用同样的摆设，消费者会熟视无睹，觉得这家店没有新意，没有新商品。相反，经常变换商品陈列，会给消费者一种该店营业状况良好的印象，感觉总有新东西，过一段时间不去就会有失去机会的感觉。这样就提高了超市对消费者的吸引力，即使没有新商品出售，消费者也会感到耳目一新。

像仓储式商店这种大卖场，要做到月月变换，难度是比较大的，但最好能半年或一年做一次大的变化。平时可以针对某个种类分区的商品做小规模的变化陈列。变换后要注意及时修改分布图和商品指示牌，这样可以让初次光顾的消费者准确地找到商品陈列的位置，也可以让经常光顾的消费者及时看到仓储式商店商品配置与陈列的新变化。

2. 注意季节性陈列

冬去春来，四季更替。随季节变化，人们吃、穿、用的商品也会相应变化。店铺应按照季节的变换和消费者的需求及时调整商品的陈列。季节性商品陈列应在季前开始。物品陈列及背景、色调要与季节相适应。

例如早春时节，店铺应及时把适合春季消费的商品，如时装、鞋帽等，早早陈列在超市比较显眼的地方。在背景或商品中，以绿色为主调，点缀以粉、白、黄三色的小花，可透出一股春天的气息。

冬天天寒地冻，仓储式商店内通道较宽，空间开阔，更要注意利用一些像红、粉、黄为主的暖色调为背景作店堂布置，使消费者体会到温馨，超市的中心部位可突出摆放冬季的应季商品，如棉衣等。

3. 关联摆放

仓储式商店的商品陈列，应该注意商品之间的关联性，这就要求把分类不同但有互补作用的商品陈列在一起，可使消费者少走路，方便购买。例如在肥皂旁边同时陈列肥皂盒，雨衣、雨鞋、雨披等雨具相邻摆放。关联陈列往往要打破商品分类之间的区别，所以要尽可能再现消费者在生活中的原型。如家具商场一般将成套家具加上小摆设、装饰画、插花等组合于同一展览空间内，因为这正是消费者生活的原型。关联陈列可以使商场的整体陈列显得生动活泼，突出单个主题。

4. 处处体现方便

仓储式商店为降低成本，只提供有限服务。消费者需要现付自运，所以消费者购物时的方便性就更应该引起商家的高度重视。仓储式商店应将手推车、购物筐等物放在店的一楼或者入口；蔬菜、食品、副食品和调料及冷冻生鲜等常销的商品，要摆放在离出口不远的地方，便于消费者选购后能迅速离开，利于商品的保质保鲜；商品陈列高度要充分考虑人的身高，手最容易取得的高度被称为“黄金位置”，男性为 70～160cm，女性为 60～150cm，应将主营商品或商家有意大力推广的商品摆在这个位置。

5. 合理安排通道

消费者进入商店以后，习惯上会通过对货架布局的观察设计一条路线，以达到不重复、不遗漏选购商品的目的。消费者购物通道的设计应以“单向道设计”为原则。这种设计还可以在客流量大的时候使人流动顺畅，不容易造成拥堵。我国消费者习惯于逆时针方向（即进店以后自右向左）浏览购物，因此可将入口设在建筑物右侧，出口设在左侧。

6. 商品科学分类陈列

人们在长期的生活和生产实践中早已形成了把事物分类的习惯，超市的商品摆放也应遵循这一原则，将商品加以科学的分类，按区摆放。否则会使消费者难以迅速找到自己想要的商品，对超市留下杂乱无章的印象。分区一般按商品特征来进行，如水果、蔬菜、畜产、水产、一般食品、日用百货、医药用品、家用电器等。每个分区都应在醒目的地方悬挂商品指示牌。

7. 同品牌商品垂直陈列

同一品牌的商品应尽量沿上下垂直方向陈列在货架的不同高度的层位上。同一品牌商品垂直陈列的好处是：①消费者在挑选同一品牌商品的不同花色或规格时不会由于来回横向移动而感到不便，上下一目了然。②垂直陈列可以避免某一品牌过多占有“黄金高度”，造成不同品牌销售不均。

8. 增强视觉法

仓储式商店面积大，一般内部的采光不好，除去普通的照明以外，可以适当安排一些装饰性照明，加强视线效果，光线柔和可使消费者心情平静，采用聚光、折射的方式照明，可使重点商品明亮可见，提高吸引力。如用粉红色的灯光照射化妆品，能大大增强女性的购买欲。用绿色的灯光照射蔬菜，在水果的背后安装一面镜子等，会让人有“鲜”的感觉。在冬天多使用赤、橙、黄等暖色调，夏天多使用青、绿、紫等冷色调，均会产生良好的效果。

能力知识点3　仓储式商店降低成本的四大技巧

沃尔玛的创始人山姆·沃尔顿曾经说过：“我们珍视每一美元的价值，我们的存在是为消费者提供价值，这意味着除了提供优质服务之外，我们还必须为他们省钱。每当我们为消费者节约了一美元时，那就是我们自己在竞争中领先了一步，这就是我们永远打算做的。”仓储式商店最主要的特征是薄利多销，国外仓储式商店的销售价格一般低于市场价格10%以上，毛利率为8%左右，以此吸引了众多的消费者。仓储式商店要想在如此低的毛利率下获得利润，就必须从各个方面入手，竭尽所能降低经营成本。

一、采用仓储式经营方法

1）仓储式商店一般选址在城市的近郊，店铺的土地开发成本低，租金也便宜。

2）内部不作豪华装修，利用廉价设施，只求宽敞、简单、实用，以节省装修费用，美国仓储式俱乐部装修费用只相当于购物中心的47%和超级市场的60%。

3）仓店合一去除了另设仓库的费用，并减少了仓管人员和相应支出。

二、利用先进信息技术

1）有效利用POS系统（销售点实时管理系统）。仓储式商店均建有功能较强的POS系统，并配有功能强大的数据分析、辅助决策软件。据业内人士介绍，POS系统的应用，至少可使经营成本降低1.5%，营业额提高了8%，并可据此随时了解商品的销售信息，据此建立合理的商品结构。

2）利用配送中心和通信设备作技术支持。沃尔玛拥有全球最大的私人卫星通信系统和最大的私人运输车队，所有分店的计算机和总部相连，一般分店自发出订单24～48h之内，就可以收到配送中心送来的商品。如此快捷的信息反馈和高效的存货管理，使得存货量大大降低，资金周转速度加快，成本自然降低。

三、严格控制管理费用

成功的仓储式商店总是将管理费用控制在最低限度内。如沃尔玛规定采购费用不得超过采购金额的16%，整个公司的管理费用为整个公司销售额的2%，而行业平均水平为5%。费用控制主要体现在以下几个方面：

1. 采用开架自助售货方式

同等规模营业人员仅为百货商店的 1/3。同为 10000m^2 的售货区，仓储式商店需要 350 个营业员，大型综合型超市需要 600～700 人。

2. 减少广告费用

仓储式商店一般不做太多的促销广告，而是将节省下来的广告费用，用来推出更低价的商品来回报消费者。美国的仓储式商店的广告费用一般只占销售额的 0.5%，而西尔斯百货商店广告费用占其销售额的 6%，美国沃尔玛的山姆会员店在电视或报纸上每年只做 12 次广告，而大型百货公司每年要做到 50～100 次广告。

3. 双 C 销售体制

仓储式商店实际上是以零售的方式来从事批发业务。但由于实行了双 C 销售体制（即付现金和商品自运），消费者购物付现金，这样就没有批发商店要给消费者提供资金账期的问题，消费者购物后自己将商品运回去，也没有批发商店要向客户送货的问题，这样就大大降低了营运成本。

四、独特的采购制度

1. 直接进货

连锁规模较大的仓储式商店的要货量甚至超过了许多批发商，即使连锁规模较小或单体仓储式商店，其一次要货量也相当于几个超市的量，这使得仓储式商店可以越过批发商，用高于成本价低于批发价的价格采购商品。因此，仓储式商店要尽量直接从厂家进货，以减少不必要的环节和中间费用，获取最低的进货价格。

2. 结款及时

国内一些零售商对厂家结款随意性很大，任意拖欠，致使信誉低下。而仓储式商店一般跟厂商建立了比较良好的伙伴关系，在货款结算上重视信用，做到言必行，行必果，在主力商品上更多地采用延期付款买断制度，并且一般采用现金结算，作为回报求得供应商在货物配送的及时性、优先性以及价格上给予更大的支持和优惠。由于仓储式商店商品周转很快，如美国的普尔斯马特（Price Smart）、价值俱乐部（Ctco Club）、山姆俱乐部（Sam's Club）每年平均商品周转次数分别为 17、12、11，即便延期付款时间较短，仍能通过占用厂家大量资金，获取可观的资金效益。

3. 确保最低价

大型仓储式商店不仅要求货进源头，而且要求厂商所给的价格是最低的，这是因为超市对一些商品的买断销售降低了厂商的销售风险。在仓储式商店的采购中还有一个不成文的规定，即凡是发现其他企业采购价格低于本商场的，将取消与该厂家的合作关系，或被认定采购人员拿回扣，经办人员将被要求作检查甚至被解雇。

想一想

什么风格的仓储式超市更能吸引消费者？

4. 严格的采购管理和监督制度

仓储式商店有一套严格的采购管理和监督制度，它将商品采购计划的编制、采购谈判、新产品引进决策、签订单、合同履约、质检、付款结算等科学地划分给不同的部门和不同的人来行使，避免少数人或个别部门大权独揽，以利于互相监督，防止各种舞弊行为和不良行为的产生，共同把好进货这一关。

能力知识点4 仓储式商店商品的十种定价方法

在营销组合中，价格是唯一产生营业收入的因素。近年来，随着市场竞争越来越激烈，如何定出对仓储式商店最有利、最能吻合其经营目标与政策的价格，不仅是一门科学，也是一个挑战。价格策略运用得当，将是一根具有无限威力的“魔棒”，有着不可估量的作用。

1. 零头定价法

在英国伦敦有一类风格独特的商店，它的招牌标志上有两个十分显眼的阿拉伯数字“99”。在这里出售的商品，标价的最后数字必定是99。一双女式凉鞋卖12.99英镑，一件男式雨衣卖65.99英镑，一台30ft彩色电视机卖399.99英镑，等等。

以“99”为尾数的标价，在消费者心里至少产生两种反映：①店主在价格上算得仔仔细细，即使那么一分钱，也不将其凑为整数，可见店主是个信得过的人。②感到这东西比较便宜，1.99元和2.00元之间，虽只是一分钱之差，在消费者看来，前者却有“不到两块钱”的感觉。“99”店正是巧妙利用了消费者对价格的这种心理差别，每件商品宁愿少赚一分甚至一元，也要多招揽消费者，增加销售量。

零头定价法一般适用于中低档消费品，尤其是日用小商品。因为对于这类商品，消费者购买时，价格因素对购买决策的影响很大，零头定价能收到很好的效果。

2. 分割法

没有什么比价格更让消费者敏感的了，要让消费者感受到你只是从他兜里掏了很少的一部分，而非一大把。价格分割是一种心理策略。商家定价时，采用此技巧能造成买方心理上的价格便宜感。价格分割有以下两种形式。

（1）用较小的单位报价：例如，茶叶10元/kg，分为每50克0.5元的小包装进行销售。巴黎地铁将商家所需的广告总费用进行分解：“只需付30法郎，就有200万旅客能看到你的广告。”

（2）用较小商品进行比较：例如，“每天少抽一支烟，每周就可以订一份报纸。”“使用这种冰箱平均每天花费0.2元电费，仅相当于一根冰棍。”

3. 整数定价法

整数定价与零头定价同样诱人。中国人有讲“面子”的传统，在购买高档消费品或礼品时整数价常常可以显示自己的身份、地位，其实这也是人虚荣心的一种表现。如原价 990 元条的金项链，可定价为 1000 元。对高档消费品及礼品采用整数定价的道理在于以下两点：

1）购买高档品的消费者大都生活富裕，多支出 10 元、20 元，相对于高档商品的原价所占比重很小，但从价格上看，却由原来的两位数变为三位数或从三位数变为四位数，表示商品档次提高了一级，心理上获得了满足感。

2）购买高档消费品，如高档家具以及钢琴一类的商品时，消费者看重的是商品的质量性能，普遍存在着“宁可多花点钱，也要买个好的”的心理，而且“一分钱一分货”似乎是一个绝对的真理。在消费者看来，价格就代表着商品的质量和品位高低。所以采取“向上取整”的方法对高档品有促销效果。

4. 同价销售法

英国有一家小店，起初生意萧条。一天，店主灵机一动，他将价格在一英镑左右的商品归集起来，设置了一个“一元区”，只要消费者出一英镑，可以任选一件商品，结果抓住了人们的好奇心，尽管有些商品价格高于市价，但还是招来了大批消费者，商品销售很火。我国后来兴起的“8 元店”、“10 元店”也是采取了这一策略。现在生活节奏快，人们懒得花时间去考察、对比商品的价格，尤其是那些价格比较便宜的日用小商品。同价销售迎合了消费者这种“懒”的心理，同一价格，你只需要去挑选自己喜欢的商品就行了。同价销售同时也满足了消费者求廉的心理。

5. 价格对比法

美国有一家玩具专营店，采购人员同时购进了两种外形大体相同、价格相等的小鹿，摆在货架上很长时间，购买者寥寥无几。后来店主想出一招：把一种小鹿的标价由原来的 0.38 元提高到 0.56 元，并且与另一种小鹿放到同一个柜台上，结果引起了消费者的注意，大家都觉得 0.38 元的小鹿价格便宜，所以人们纷纷前来购买，标 0.38 元的小鹿很快被抢购一空。没改变价格前，两种商品都卖不出去，改变价格，而且是提高了其中一种商品的价格，形成了鲜明的价格对比，却激发了消费者的购买欲望，收到了意想不到的销售效果。

6. 习惯定价法

习惯定价法是需求导向定价法的一种。它是按长期形成的习惯制定价格的方法。习惯定价法的基础就是成本导向定价法与竞争导向定价法，是以产品的成本为中心，以市场上相互竞争的同类产品或服务的价格为主要依据的定价方法，这其中还包含企业自身的条件与特点、常年的经验及营销策略等因素。

7. 吉祥数定价法

前两年，产于我国西北草原的发菜在广东等南方省份销量很大，过度挖取造成草原生态严重破坏，国家不得不明令禁止发菜的采挖和销售。但发菜在南方的黑市上依然屡禁不止，这件事从侧面可以看到人们对谐音及吉祥数字的热衷程度。曾经有一种北京产牌号是“3388”

的铅笔在香港出现抢购局面，3388 粤语谐音是“生生发发”，正好迎合了香港人渴望生意兴隆、买卖发财的心理要求。

近些年来，我国内地消费者对吉祥数字也越来越敏感，在各店铺中，吉祥数字也被视为座上宾，频频出现在五花八门的商品标价上。如女衬衣标价 88 元，皮鞋每双 88 元，如此比比皆是，而含义深刻的 168（一路发）、518（吾要发）在标价中也是屡见不鲜。除了“8”以外，在我国传统文化中，“6”也是个大吉大利的数字，有“六六大顺”之说，因此，“6”在商品标价中也经常出现。吉祥数字价格之所以如此受宠，是有其社会原因的：如今生活节奏加快，人们竞争的压力很大，因此，常希望能借助一些外界因素得到心理上的安慰和解脱，于是对象征兴旺发达、顺利平安的吉祥数字就十分看重，商家对这一定价技巧应给予重视。

8. 勤进快售的价格调整策略

美国波士顿有一家“法林联合百货公司”，百货大楼的下两层开设了一个“法林地下自动降价商店”。“自动降价”是法林独创的促销方法。该店规定，每一种商品在上架时，除标明价格外，还要标明首次上架时间，以后按陈列的天数实行自动降价，比如第 12 天这件商品还未出售，就自动降价 20%； 6 天后还未售出，则降价 50%；再过 6 天仍未售出，则降价 75%。当降价幅度达到 75%之后，若再过 6 天还无人问津，这件商品就从售货架上取下，送给慈善机关。这个商店销售的商品大多是人们的日常生活用品。当然这里的自动降价，并不是因产品质量不好。

也许有人会问：“既然是自动降价，那消费者不是要等到价格降到最低时才来买货吗？商店不是要赔钱吗？”经理解释说：“这里的商品都是生活必需品，价格适中，消费者看到自己喜欢的东西一般会当机立断，立即买走，以防在再次降价前被别人买走。再说，谁有那么多时间经常到商店看价钱是不是降到了最低限度呢？所以真正降到最低价的商品是很少的。”

让新产品不断充实你的店铺，在快销中取利，生意越做越兴旺，钱也越挣越多，在生意场上，最怕的是商品卖不出去，造成积压，只有勤进货，快销售，商品流通渠道通畅，才能加快资金周转，在快销中取利，这是成功的经商之道。

9. 不定时限定价法

不定时限定价法是一种选取少量品种、少量数量的商品作为促销品以极低的价格进行销售的促销定价法，被许多仓储商店和大型超市所采用。超市每天在几类商品中推出一两个品牌，以比平时低 40%～50%的价格出售，时间一般持续几个小时，或一两天，或者到促销品售完为止。

在美国的凯玛特连锁店内，当蓝灯在某一货架上闪烁时，就表明那里有特价商品出售，这种现象每天只发生几次，每次不超过 15min 特价商品就会售完。消费者对此很感兴趣，由此平添了许多消费者光顾。凯玛特出售的特价商品一般只限于小食品、卫生用品等价格不高的商品，洗衣机、电冰箱等价值较高的商品绝不在此列。这种方法大大提高了超市对消费者的吸引力，同时也加速了新货品的上架销售。

10. 高价策略

对于名牌或新颖的产品，宜采取高价策略，即声望价格策略。名牌产品、优质产品如果价格低廉，反而会被消费者怀疑：这个店为什么卖这么便宜？会不会是假货？而标价昂贵反而能取得消费者的信任。

想一想

你认为哪一种定价法更适合仓储式商店？

北京一家商店进了少量中高档女外套，进价 580 元，店主见这种外套的用料、做工都很好，而且色彩、款式也很新颖，在本地还未出现过，于是定出一件 1280 元的高价，结果被抢购一空。

采取高价策略的首要前提是：产品是奇货，最好是独家经营。记住一条法则："独一无二的商品才能卖出独一无二的价格。"其次要求产品既优且新。质优是高价策略的基础，次等品定高价，则是失败策略。产品新颖使消费者不明底细，高价法方能有效。最后要求对价格不太敏感，如果目标客户对价格很敏感，定高价会把他们吓跑。

能力知识点 5　仓储式商店的信息系统

当今世界是信息化的世界，在残酷的商业竞争中得不到及时、准确的信息是不行的，有信息不能迅速、正确地处理也是不行的。当零售业发展到一定规模，彼此之间的竞争实际上是信息、管理和人才的竞争。基于计算机的信息管理技术现在已经渗透到商业领域的采购、销售、调拨、库存等各个环节，设计商业经营环境、营销手段、交易方式等各个方面，是现代化商业不可或缺的重要内容。

计算机管理系统是仓储式商店最重要的技术支撑，它是家里现代化的经营理念管理模式的最重要的基础，它为仓储式商店提供了广阔的发展空间。可以说，离开一个功能强大的计算机管理系统，仓储式商店将缺乏竞争力，在竞争中是不堪一击的。我国的仓储超市发展较晚，信息管理手段还比较落后，管理经验还比较贫乏，我们更要深入学习、不断借鉴国外成功零售企业的先进技术和经验。

计算机管理系统发展至今已经有了非常广泛的含义。从应用上看，它主要由 POS 系统、MIS（信息管理系统）和 EOS（电子订货系统）3 部分构成，统称为"3S"系统。三者当中，POS 系统是基础，主要起到信息采集的作用；MIS 是主体，主要对采集到的信息进行系统的加工、分析处理，并通过一系列分析、预测模型对企业经营管理决策起辅助作用；EOS 是整个系统功能在订货上的延伸。

一、POS 系统

POS（Point of Sales）系统称为销售点实时管理系统，它的作用是对销售数据进行实时输入、跟踪、处理，并且根据采集到的数据对销售活动进行详细、准确、迅速的分析，并将信息提供给 MIS。POS 系统主要应用在以下几个方面。

1. 商品销售

将销售商品的条码通过扫描器读入收款机中，收款机系统自动将该商品的名称和售价检索出来显示在显示屏上，并打印账单，进行结算。

2. 补充订货

将货架上的商品条码信息和数量输入机器，并将数据传送给主机，由自动补货系统根据预先定好的在架商品数量，对不足的商品进行补货处理。

3. 到货确认

申请补货的商品到货后，用手持终端将其条码读入并输入到货数量，将数据传入主机，进行补货确认。

4. 盘点管理

将在架的所有商品的条码和数量录入机器，然后传送到主机中，与主机存储的数据进行比较就可以进行盘点处理，并作出盘点损益报告。

二、MIS

商业管理信息系统（Business Management Information System，BMIS）是指商业企业的管理信息系统，它包括为实现商品的销售，在企业内部商品计划、合同、采购、销售、调拨、库存、核算、财务、统计分析、辅助决策的整体循环处理过程中，以数据信息为轴心的全面自动化管理控制系统。它承担为商业企业决策收集、加工和处理信息，存储和检索信息，并把信息及时传输到企业管理决策层和外部关联目标的组织体系的任务。

就仓储式商店而言，一个大体完整的管理信息系统由前台收款系统、后台督理信息系统、辅助决策支持系统及其他辅助系统（如监控防盗、防火系统等）组成。

仓储式商店 MIS 主要应用在以下几个方面。

1. 商品分类管理

根据商场的需要和商品的性质进行逐级分类，通过查询可知道各类商品数量、供应商信息及每月新进商品。

2. 商品结构管理

对不同类别的商品和单品根据销售额、毛利、周转率、销售增长率等财务指标进行排名，通过科学的方法分析确定主力商品，淘汰滞销商品。

3. 会员资料管理

根据会员的年龄、性别、职业、收入、住址等基本信息和各会员在店中的消费情况，分析出会员的购买偏好、消费水平等，从而获知仓储式商店商圈范围、各种商品购买者的特性，为改进经营以及高层决策提供依据。

4. 分店管理

通过对各分店的销售、供货、促销等情况的信息分析，使决策者对下一步的连锁扩张作出科学的判断。

5. 供应商管理

将不同部门、不同商场、不同时期向同一供应商采购的不同商品的数据进行汇总，一方面可使财务及高层领导准确掌握每个供应商提供的商品的销售情况；另一方面也可利用汇总后订货数量的递增，向供应商争取更大的折扣。同时，依据各个供应商提供的商品的销售额、毛利额，以及供应商到货的及时情况、促销配合情况、售后顾客质量投诉情况等，对供应商进行分类和管理。

6. 库存管理

依据商品的保质期、进货时间等进行区分摆放，使出货能严格按照先进先出的原则，并且保证批次出货的清楚、准确。通过对库存商品销售天数上下限报警、负库存商品报警等，及时对库存商品进行补货、退货、促销管理。

除去以上 6 个主要方面的应用以外，MIS 还应用在生鲜商品管理、促销管理以及结算管理等。

三、EOS

EOS（Electric Ordering System，电子订货系统）是商家将各种订货信息，通过网络传送给供应商，完成商品订购、运输、调配、接单和结算等处理的系统。利用 EOS 可对仓储式商店起到以下一些作用。

1. 分店库存合理化

EOS 可以快速执行订货，使商品陈列数量大大减少，使有限的空间陈列更多种类的商品，即使是畅销商品也无需大量存货。当然，快速订货还须有供货商的即时发货相配合。

2. 减少误差和缺货

EOS 订货作业是根据商品条码来执行的，可以减少传送、输入的错误，做到准确无误，并可迅速补充库存，防止商品缺货。

3. 改善订货业务

通过标准化的作业模式，任何人都能正确、快速地执行订货任务，并可通过 EOS 获得信息，如订货建议、出货单、商品订货排行、缺货排行和供应商订货排行等，加以有效运用，更能提高订货的适销性。

想一想

试分析信息系统在仓储式商店中所起的作用。

举一反三

一、理论部分

（一）填空题

1．一般来说，仓储式商店选址遵循的原则包括：________________、________________、________________、________________。

2．POS 系统是指____。

（二）简答题

1．简述仓店合一超市摆放的八大技巧。
2．简述仓储式商店降低成本的四大技巧。

（三）案例分析

稳步成长的台湾直兴文具量贩店

家住我国台湾省高雄的张先生从学校毕业以后子承父业，经营着一个出售文具的小店，小店在张先生的手里开得有声有色，生意很好，但是他并不满足，总寻思着怎样扩大规模，在文具这个看似不起眼的市场上干出一番大事业来。

1989 年，世界仓储式商店的鼻祖——国际零售业巨头万客隆进入台湾，在岛内引起了巨大轰动。张先生灵机一动：文具能不能也用量贩的模式来经营呢？1991 年 3 月，他把家里的小店交给亲戚，在高雄市复兴一路上，开设第一家文具零售与批发结合的直兴文具量贩店，开始走上了直兴的量贩连锁之路。结果该店赢得了当地学校和学生家长的一致认可，生意也蒸蒸日上，张先生趁热打铁，准备在高雄开一家连锁店。

在开店之前张先生根据自己以往的经验和从其他量贩超市学习来的知识，对高雄作了深入的调查。在店址的选择上，以地理区域为首要考虑因素，鉴于文具的销售对象的独特性，以学校附近为其主要的营业据点。因为在三民区的鼎山店是张先生直接投资购买而非租赁的，要承担很大的投资风险，所以他选址十分谨慎，鼎山店所覆盖的商圈范围大约是半径 1.5～2km，其中不乏学校、银行等文具需求高的消费团体。此外，张先生还运用了人口统计变数中的家庭人口数以及年龄段分布，选定高雄市家庭人口数最多，并且青少年最多的三民区作为开店地点。

在经营商品的选择上，高雄的经济比较发达，居民生活水平较高，而且家长对孩子的教育十分重视，无论是学龄前还是中小学阶段，家长都会考虑到孩子使用的文具是否会影响到他们的学习。因此，直兴便以经营高中档商品与平价为起点，向孩子提供最佳文具与最低的价格。随着时代的改变，直兴并没有忽视流行趋势。着眼于多角化与复合式是现代化的潮流，直兴在其经营模式上进行了相当大的变革：由仅经营文具的专营量贩店转型为复合店，不但保持了高品质与平价的特色，更将年轻人的新宠 CD 纳入其营业范围，让学生在求学过程中不仅有高品质文具相伴，而且有音乐CD相随，在求学的过程中能快乐地成长。

直兴的三民区鼎山店为两层，张先生请了专家对卖场进行设计。二楼为唱片行，其外观较为亮丽、新潮，并将主要消费者的年龄层锁定为青少年顾客群。一楼为礼品区、运动休闲用品区、手工艺区、文具用品区等。店面如此规划，主要是希望吸引青少年购买CD之余，也能顺便到一楼参观。

在商品陈列方面，张先生也有其独到之处。他根据房屋结构来作布置，以增加空间利用率。刚进门时可看到的多是贵重、高级的东西，借以营造良好的商业形象，树立自己的品牌；而最受欢迎的、顾客一定要买的商品，则放在一般顾客可能不常经过的走道，如店内后面的走廊、死角等处，其主要目的是为了让顾客能浏览整个商店，对其他商品有更多的了解，使商品能尽量售出。在顾客较常走的路线则摆设不甚畅销的商品，以增加其曝光率，开发顾客的潜在需求。直兴对每一类商品的销售都有详细的信息记录，如果发现有些商品销售情况不佳，直兴会对这些商品做期限约为三个月到半年的观察。如果观察期过后商品销路仍然不佳，则会立即返回工厂更换新的品类，不做降价促销之用。

直兴在招聘店员时，虽然售货员不需要较高的文化层次和技术，但仍要求一定要高中毕业，且略懂英文，因为现在有很多商品为英文标签，而且有时会有外籍人士来购买商品，需要用英语与其沟通。若售货小姐不会外语，就会因此白白丧失做生意的机会。直兴的采购等外务人员则还要求有工作经验，这样比较容易与厂商沟通。

直兴经营的产品主要分为三大类，分别为：便利品，如笔、塑胶等；选购品，如五金类、礼品等；特殊品，如瑞士军刀、古董刀等。在其产品组合上着重于产品线的宽度和长度，强调多样多量的销售。直兴一直坚持“优质低价”的经营方针，处处节俭，其利润一直控制在50%左右。尽管直兴的生意越来越火，但张先生并没有被胜利冲昏头脑，每一项投资和决定都结合自己当前的规模，做到恰到好处。这一点内地的一些商家可以很好借鉴。比如直兴的促销以邮递信件（Direct Mail，DM）为主，因为其属于区域性量贩店，因此未曾考虑过使用电台或电视等花费高昂的传播媒体。此外，直兴还采取会员制方式，只要是会员便可享有商品批发价再打9.5折的优惠。购买商品金额达2000元以上即可申请成为会员。在信息管理系统上，由于直兴的规模还不大，只有三四家连锁店，所以仅使用了POS系统，没有一味强调高科技，盲目上MIS和EOS。

为吸引更多青少年消费者，直兴将购进更多元化、更富年轻气息的商品，对于店内的照明、色彩等设备，须等资金充裕后，再作进一步的改进。在未来将开发自有商标品牌，采取PB（Private Brand）战略，即要求制造商直接在产品上印制直兴的商标，以提高直兴的知名度和顾客对直兴的忠诚度。至于存货管理方面，将朝计算机存货系统与POS结合的方向迈进。

（资料来源：黄安民，王君之，王晓旭．零售企业赢利模式．北京：中华工商联合出版社，2005.）

请问：1．仓储式商店的优势具体是什么？

2．电子商务与物流配送对直兴文具量贩店的积极意义是什么？

二、实践部分

有条件的地方，可以参观两家定位不同的仓储式商店，对其商品策略进行分析。

学习评价

被考评人					
考评地点					
考评内容	仓储式商店的选址策略，仓店合一超市魅力摆放的八大技巧，仓储式商店降低成本的四大技巧				
考评标准	内　　容	分值/分	自我评价/分	小组评议/分	实际得分/分
	仓储式商店的选址策略	30			
	仓店合一超市魅力摆放的八大技巧	50			
	仓储式商店降低成本的四大技巧	20			
合　　计		100			

注：1. 实际得分=自我评价40%+小组评议60%。

2. 考评满分为100分，60～74分为及格；75～84分为良好；85分以上为优秀（包括85分）。

第六单元 便 利 店 6

本单元学习导引图

便利店
- 便利店概述
- 便利店的选址策略及其经营技巧
  - 便利特色商店店址选择策略
  - 便利商品陈列与摆放技巧
  - 便利特色商品采购的 7 个原则
  - 便利店的开设

学习目标

便利店对于我们是再熟悉不过的了，它位于居民区附近，是一种用以满足消费者应急性、便利性需求为目的的零售业态。通过本单元的学习，了解便利店的定义及特征，了解便利店的经营技巧及选址技巧。

综合知识模块一

便利店概述

便利店是一种以消费者自选为主，销售小容量应急性的食品、日常生活用品和提供有偿性服务，以满足消费者便利快捷性需求为主要目的的商业业态。它的营业面积较小，经营品种一般在 2000 种左右，靠近居民区，弥补了销售真空。

便利店的主要特点如下：

1）选址在居民区、交通要道、娱乐场所、机关、团体、企事业办公区等消费者集中的区域。

2）商店面积在 40～150m^2 左右。

3）步行购物 5～10min 可到达。

4）商店结构以速成食品、饮料、小百货为主。

5）营业时间长，一般在 12h 以上，甚至 24h，终年无休日。

6）以开架自选为主，结算由收银机统一进行。

便利店起源于美国的南陆公司，目前在世界发达的国家和地区中，尤其是在亚洲的日本和我国的台湾地区，已经成为最具有竞争力的商业业态。

便利店作为一种商业业态，具有与百货商店、超级市场、购物中心不同的特点，便利店主要是满足于消费者所有例常性购买或便利品购买的需求。除食品外，便利店将近乎1/2的空间来销售非食品项目，而超级市场只是满足于消费者的食品及日常生活用品的需求。近年来，便利店之所以受到了欢迎，主要有以下一些原因。

1. 生活方式变化需要便利店

随着社会进步和经济发展，国人的生活习惯正在发生变化：①在追求高质量的生活时，购物需要快捷、便利与舒适。②每个家庭的人数越来越少，单身男女越来越多，再加上人口老龄化的加剧，需要一个零售系统为其提供完善的生活服务。③越来越多的女性出去工作，更迫切地需要家务劳动的社会化。随着人们文化水平的提高、收入水平的日益增长和生活节奏的逐渐加快，时间就显得越来越不够用，像以往每天花1～2h去购物是不可能的，因而产生了在短时间内购物的简单方式，便利店正是适应这种简单购物方式的零售系统。

2. 便利店的特色使其迅速发展

1）便利店商品突出的是即时性消费、小容量、急需性等特性，品种在2000～3000种左右。与超级市场相比，便利店的卖场面积小（50～150m^2），商品种类少，而且商品陈列简单明了，货架比超市的要低，使消费者能在最短的时间内找到所需的商品。便利店可以满足消费者一次性购物（生活必需品）的需求，缩短了消费者日常购物的时间。

2）时间的便利性。一般便利店的营业时间为16～24h，全年无休，所以有的学者称便利店是为消费者提供“Any Time”式的购物方式。

3）与超市相比，便利店在距离上更靠近消费者，一般情况下，步行5～10min便可到达。门店的位置便利，消费者购物方便。

4）服务的便利性。很多便利店将自身塑造成社区服务中心，努力为消费者提供多层次的服务，如速递、存取款、发传真、复印、代收公用事业费、代售邮票、代订车票和飞机票、代冲胶卷等。

5）价格低廉并且质量有保障。对购物便利的追求是社会发展的大趋势，这就决定了便利店具有强大的生命力和竞争力。和其他零售业态相比，便利店和居民的日常生活联系得更加紧密，其出售的商品价格更低，质量也比较有保证，因此其发展迅速也就不足为奇了。

3. 便利店在我国的发展方向

我国的便利店发展还没有达到理想的程度，这当中显然是有诸多因素的影响，如外在经济环境还没有完全成熟，引进国外技术在本土需要一定的时间进行调适，内部经营政策不够明确，技术还没有达到成熟的程度，其经营过程也还没有形成自己的特色等。但是，以便利店在美国、日本等国家的成长背景来看，上海、北京、广州等基本具备了大力发展便利店的客观条件：人均GDP已达3000美元，接近中等发达国家水平。生活水平的提高为便利店的发展提供了坚实的经济基础。随着竞争的加剧，社会上出现了越来越多的“忙人”，尤其是年轻的“忙人”，对购物便利有着更为强烈的追求和渴望。“忙人”的出现构成了便利店的主要目标消费者。

我国便利店发展中要特别注意以往便利店的定位模糊、个性不强的问题。消费者至今还将便利店认定为“小型超级市场”。即使从业者在自我定位上，其名称也仍沿袭传统的“超商”，而非便利店。经营理念也不够明确，便利店是“质贩店”，因其提供的地区较近、等候时间较短、营业时间较长或其他服务的便利性，因此其商品定价、毛利自然较超级市场高。如果当做小型超级市场经营，则在价格上绝对无法与大型超级市场相比。因此，在经营理念方面，便利店应朝向质的差异化、创新方向努力，而不是价格竞争。目前，便利店吸引的对象大多是青少年、上班族、单身族。超级市场的主要消费者则以家庭主妇、职业女性为对象。因此，“超商”的定位企图将所有对象一网打尽，反而无法突显商店的个性。根据以上情况，我国的便利店的目标市场定位必须进行调整，主要应该侧重以下几个方面。

（1）目标消费者以年轻人为主：目前我国 25 岁以下的年轻人一般多是独生子女，其生活方式中一个很大的特点就是追求便利而不是价格，况且超级市场与他们的生活紧密度不大。这个年龄段的年轻人由于其父辈属于 20 世纪 50 年代生育“高峰期”出生的，数量很大，25 岁以下的年轻人数量也极大，因此便利店的目标顾客群即 25 岁以下年轻人在中国是非常具有规模性的。

（2）布局以人流为主要因素，而不局限于居民区：像车站出入口、办公大楼附近是很好的地点，因为这些地区出入的人流大，消费者此时购物最重效率。还有新建的大楼社区，但需要注意大楼的入住率，如果入住率高，足够满足便利店客源时，应该成为店址的首选位置。当然，不可忽视的是，不能把眼光仅盯在城市，特别是只注意超级市场发展较为充分的城市，要看到县和县以下城市在便利店方面发展的潜力。

（3）选择合适的规模：具有小型超级市场功能的便利店，其营业面积在 100～200m^2，在广大农村尤其是小城镇是会有很好的市场发展空间的。作为商店经营稳固之后，在其业绩发展中，必须考虑到每平方米为销货带来的利益，太大浪费空间，会造成租金成本损失，太小又无法满足客户对商品的需求。

（4）合理选择主力商品：商品选择可以以超级市场的主力商品为主，大概在 1000 种左右，并针对附近商圈的不同进行调整。但生鲜类商品应注意以包装类为限，以维持便利店的购物特色。

便利店成为最具竞争力的商业业态之一，是由它的综合竞争因素决定的，它的赢利点主要有以下几个方面。

1）便利店单体规模小，可采取灵活的选址策略。除居民区、居民商业区外，办公区、文教区、医院以及车站、码头等都适合便利店而不适合超市进行选址开店。在当前，便利店的选址远离超市，特别是中小型超市应是可行之策。灵活选址可使便利店享有地利的优势，这对零售店的经营来说是至关重要的。

2）商品的便利性和购物的快捷性。便利店商品的特性、包装、规格具有很大的便利性，如食品的即食、规格包装的一次性消费量等。便利店卖场面积小、货架低，消费者进入后对自己所需的商品可以一览无余，可立即选货后付款。一般到便利店购物的时间只占到去超级市场购物的 1/5。

3）投入成本低。便利店投入成本低，在亚洲的大城市中店铺的租金会越来越高，未来的亚洲和中国商业会越来越趋向开更小的店铺，以减轻租金的压力。投入成本低，收益就会大，经营成本的竞争是零售业竞争的永恒主题，便利店就具有经营成本上的优势。

4）便利店的营运能力所能覆盖的区域（即商圈）比较小。有调查显示，便利店的商圈为 250m，这就使便利业较为准确地把握这一范围内消费者的特征及需求成为可能，从而有利于便利店及时地调整商品组合，以更好地满足商圈内消费者的需要。例如，位于文教区的便利店增加文化用品在商品中所占的比例；位于办公区的便利店给工作人员提供盒饭。试想一下，仅上海市一天所销售的盒饭就达 200 万盒之多，这是一个多么大的市场。

5）便利店抗市场风险能力强。连锁便利店的经营者大部分为加盟业主，对连锁店总部来说，投入的资金很少，在遇到金融危机等市场风险时，这种风险可绝大部分地由众多的加盟业主来共同承担。另外，便利店规模小、商品品类少，遇到市场风险和竞争压力可适时地调整经营结构和内容，化解市场风险和竞争压力。

6）消费潮流的创导者。便利店的消费者主要是对新产品特别敏感的年轻人，这些人不是通过广告宣传去购买新商品的追新族，而是对宣传前的新商品信息灵敏度特别高的人，他们是新消费趋势的导向者。供应商通过便利店信息系统能始终掌握消费新潮流的源头，其市场价值是极高的。由于便利店的目标消费者是现代消费潮流的创造者，连锁便利店系统已经成为制造商和供应商开发新产品时，预测市场需求的最理想通道。在日本新品上市时，首先会选择便利店系统进行市场试验，如果在便利店系统中销售理想，供应商才会决定扩展到其他业态中去销售。

7）地点和时间上对消费者的便利性。便利店店铺规模小，要形成规模经营就一定要开大量的店铺，这种店铺网络的规模化在购物的地点上非常密集地接近消费者，从而方便了消费者的购物。另外，便利店实行 24h 营业，可随时满足消费者的需求。便利店可随时、随地满足消费者的各种需求，是它最具竞争力的核心之一。

从零售业中各种业态对日本消费的紧密程度来看，消费者每月去一次百货商店，每星期去一次折扣店，每天去一次超级市场，而随时去便利店。就拿便利店与超级市场的竞争来说，消费者可能每天去一次超级市场，每天可能去几次便利店。再以食品的购买为例，到超市买回的食品是材料，需要经过加工，到便利店买回的食品是成品，可立即食用，因此便利店更具有竞争优势。

> **想一想**
>
> 便利店在人们生活中所起的作用？

8）总部资源共享性强。连锁便利店的主要经营方式是特许加盟连锁，众多的加盟店在总部统一经营管理指导下，改变了以往零售业的单个性、零散化和无序经营，大大地节约了流通资源，净化了流通秩序，创造了现代流通业的组织形式。对中国这样一个小商店占主导地位的国家，积极地推进和发展便利店，其经济效益和社会效益是非常巨大的。

举一反三

一、理论部分

（一）填空题

1．便利店是____

____。

2．便利店的主要特点包括________、________、________、________、________、________。

（二）简答题

1．便利店受欢迎的主要原因是什么？

2．简述我国便利店的发展方向。

（三）案例分析

连锁品牌

——9577 便利店

9577 便利店是中国（城市）公益文化惠民工程旗下运营的品牌之一，与“惠民商业广场”、“惠民直通车超市”、网上购物平台“惠民商城”共同组成惠民工程平台。惠民工程的运营宗旨：通过整合政府资源、生产企业资源、城市居民信息资源以及市场化运作，把来自于全国各地的生产厂家产品通过惠民工程项目平台呈现在百姓面前，让百姓真正能得到货真价实的实惠产品。

9577 便利店于 2011 年 3 月成立，以广州为中心，以辐射广东、走向全国为宗旨。目前公司店铺规模分布至广州、深圳、北京、上海、南宁、武汉、长沙、衡阳、太原、西安、成都、合肥、福州等 13 个大中城市，拥有集直营、委托和特许加盟等经营模式为一体的专业便利店，目前达 150 余家。

作为惠民工程旗下的 9577 便利店，与其他便利店有着不同的内涵，我们一说到“95”这两个数字，自然就会想到“九五至尊”，“95”一般可理解为是一种帝王权威的身份，有着至高无上的象征意义，这里代指成功人士、城市高生活品质人群。“77”从形象上可看做两把锄头，寓指平民、百姓，这样，9577 的含义就不言而喻了，为上至高生活品质成功人士群体，下至平民百姓提供便利快捷、诚至实惠的服务。

作为“惠民工程”中的运营板块，9577 便利店以其连锁经营模式，肩负着“让更多城乡居民享受到方便快捷、诚至实惠的生活用品，为改变中国便利店销售模式而奋斗”的使命，坚持“灵活创新、求真务实、以人为本、共创价值”的核心价值观，更新观念，用心服务，为不断改善人们的生活品质，推动社会文明进步作出贡献，真正实现“家门口的便利”服务理念。

请问：9577 便利店与其他便利店相比，有什么不同的内涵？

二、实践部分

1．训练目标：针对 9577 便利店理解便利店的含义及其经营特点。

2．训练准备：

（1）利用你所学的市场营销知识，帮助 9577 便利店制定一份“元旦”假日的促销策划。

（2）完成周期：两个星期。

3．训练地点：由任课老师指定。

学习评价

被考评人					
考评地点					
考评内容	便利店的定义及主要特点				
考评标准	内 容	分值/分	自我评价/分	小组评议/分	实际得分/分
	便利店的定义	40			
	便利店的主要特点	60			
合 计		100			

注：1. 实际得分=自我评价 40%+小组评议 60%。

2. 考评满分为 100 分，60～74 分为及格；75～84 分为良好；85 分以上为优秀（包括 85 分）。

综合知识模块二

便利店的选址策略及其经营技巧

能力知识点 1 便利特色商店店址选择策略

毫无疑问，一个合适的店址对每一个零售业态的成功都具有关键的作用，对于特色便利模式也不例外。在西方国家，便利店的开设选址被视为开业前所需的三大主要资源之一，因为特定开设地点决定了便利店可以吸引有限距离或地区内潜在消费者的多少，这也就决定了便利店可以获得销售收入的高低，从而反映出开设地点作为一种资源的价值大小。以便利店为例来说，店址的选择一般分为商圈分析、获取选址参数和店址选择三个步骤。

1. 商圈分析

通过商圈调查，可以预估便利店的坐落地点，可以预估交易范围内的住户数、消费水准、流动人口量、营业额；通过实地评估，就店铺地理位置的便利性、人的动线与流量、车的动线与流量、接近性、视觉效果等，判断该地点是否适合开店，故商圈分析是确定经营地点和布局的第一步。

（1）商圈的意义及其重要性：商圈是指以便利店坐落的地点为中心向外延伸某一距离而形成的辐射范围，是便利店吸引消费者的地理区域。一般便利店以方圆 300m 为主商圈，以方圆 1000m 为次商圈，这和每个地区经济、人口等因素有直接关系，需视具体状况具体分析而定。一般而言，涵盖面越大，表示商圈愈大，但实际上，由于不同的店铺形态、竞争者的分布、交通状况、公共设施等的影响，商圈范围的评估也有所差异，所以对商圈的评估并非一成不变，事实上是充满了变数，评估时必须面面俱到。

经营一家成功的便利店，其所需要的条件很多，不过商圈好坏对营运成功与否是很关键的。因此如何选择一个好的商圈，对便利店日后的经营发展有很大的影响。

（2）商圈形态：商圈形态是进行商圈分析的基础，一般而言，商圈形态可以分为下列几种。

1）住宅区。住宅区内的户数基本上须达 1000 户左右，如以 1 户 4 人来计算，则人数将达到 4000 人左右。住宅区的消费习性为消费者群稳定。

2）教育区。教育区及附近有大、中、小学等学校，其中以私立学校较为理想，因其学生大多比较有钱，消费层次比较高。当然，也不能忽视补习班，补习班的集中区更为理想。教育区的消费习性为消费者群以学生居多，休闲食品、文教用品购买率高。

3）办公区。办公区指办公大楼林立的地区，一栋办公大楼内的员工人数可能超过一两千人，尤其办公大楼内的上班族外食比例非常高。办公区的消费习性为便利性、外食人口多、消费水准高等。

4）商业区。商业区指商业行为集中的地方，由于过路客的增加，形成各种商店聚集之处。其特色是商圈大，流动人口多、热闹、商店多，其消费习性为快速、流行、娱乐、冲动购买以及消费金额较高等，附近有几家同类店或不同类店、其营业情形如何、商品的内容如何、价位的高低等，均是衡量的重点。

（3）商圈实地调查的要点：

1）居民状况，主要包括：①住宅的种类。如单身住宅、普通小区住宅、公寓（分为电梯大楼、普通公寓）、高级住宅区，这些住宅种类都适于开设便利店，贫民区、老人住宅区则不太适合。②住户的构成。便利店的客户群以 10～30 岁的青壮年为主，单身男女尤其重要。从职业类别来看，司机、工厂职工以及服务业人员都是比较理想的对象。

2）商圈设施情况。有助于开设便利店的设施包括：①中小型企业（内部没有餐厅）。②中大型医院。③大学、专科及高中职校。④24h 营运的大、中型工厂（三班制）。⑤消防队、警察局、市政府。⑥公园及广场。⑦车站附近。⑧大型集中住宅区。

3）未来发展情况，包括：①地区内人口及户数的增加。②新设车站的计划。③学校的建设计划。④马路新设、增设及拓宽计划。⑤小区住宅的兴建计划。

4）竞争情况，商圈内的竞争性是指城区内大型店、同类店或商业聚集较多时，要确定是否还有设店的空间。

2. 获取选址参数

从合理的商圈分析到精确选址都需要详尽的信息作支撑，这些信息是作出正确决策的基础。对于业内人士来讲，更重要的是，从哪里能得到作为分析基础的数据和基本面描述。据调查，来到中国的跨国公司有超过 2/3 是通过内部人员进行市场调查和分析的，如果具体到跨国零售业的选址上，这个比例恐怕更高。但他们和国内企业面临的市场信息源却是相同的，也就是说，市场信息全都在那儿，看谁有心、有本事去拿了。

1）事实上各种市场调研公司依然是基本数据信息的主源，这其中包括各个城市统计局下属的城市调查队。他们对商圈的调查方法很普通，但很有效；城市调查队的有利之处是与统计局的关系，这使他们可以得到本城市的长时段的基本面数据，而且可以具体到区、城乡结合部，甚至街道。当然要获得对于本街区或社区居民状况的细致而生动的描述，可去街道办事处和社区服务中心进行付酬访谈。

2）政府各部门也是信息的一大来源。一般在中国的大公司都设有与政府打交道的部门或负责人，例如在麦当劳中国公司的各地分公司中，偶尔可以发现一个叫做“政府公共关系部”的身影。中小商业公司在获取政府信息时，最便捷的方式是去接触各行业的专家，他们与相应的政府部门总是保持着密切的关系，而且与专家的交流有时会达到以下效果：他们对某些市场信息的分析可能给人一种突破之感。比如，有经验的选址员告诫说，规划专家对于城市商业中心转移等方面的冷静预测要比大部分业内人士的分析更准确。

3）许多零售公司的选址员是从房地产业转行过来的，这足以说明零售业与房地产业的密切关系。针对不同消费群体的零售商应该将店址选在有相应租/售价格阶层的房屋集中区，这已是选址界公认的秘技。许多人都不理解家乐福怎么会将两家店都开在北京南城——这里在人们印象中是贫困的地区，在早先的房地产界有“物业不过长安街”之称。但南城的大量规划危改工程早开启了南城中高档房地产建设的先声——这里是最后一块市区宝地，它原有的大部分居民将被转至四环外（甚至更远）的危改赔付低价楼区居住，而新来的居民阶层从新建物业的价格上就可看出他们的消费水准。

4）如果是连锁零售店，那么有两类人也是选址信息的来源，这就是它的上家（供应商）和下家（消费者）。富有进取心的供应商也在不断地进行市场调研，这包括大的制造商和熟悉当地情况的区域批发商，选址员与他们的信息交流可能会带来一些额外的惊喜——成功的店铺扩张对双方都有利；对本店的老顾客的分析是选新址的重要依据之一。

3. 店址选择

便利店店址选择，是以方便消费者购买、客流量大、方便货品运送、有利于扩充店铺、有利于形成综合服务功能、有利于形成特色为原则。在扩大销售的原则指导下，绝大多数商店都将店址选择在城市繁华中心、人流必经的城市要道和交通枢纽、城市居民住宅区附近以及郊区交通要道、村镇和居民住宅等购货地区。

一个便利店通过信息调查、商圈设定后，还要综合考虑各种影响和制约因素，作出具体设计地点的选择。

（1）分析交通条件：只有在交通方便的地方开设便利店，才能给消费者带来便利，才能吸引到更多的消费者。从企业经营的角度来看，对交通条件的评估主要有以下两个方面。

1）是否方便消费者购买，是否有利于促进购买行为的实现。设在边沿区商业中心的商店，要分析与车站、码头的距离和方向。一般距离越近，客流较多，购买越方便。开设地点还要考虑客流来去方向，如选在面向车站、码头的位置，以下车、船客流为主；选在邻近市内公共汽车站的位置，则以上车的客流为主。

2）是否有利于货品运送。这就要考虑可供商店利用的运输动脉能否适应货运量的要求并利于装卸，如果运货费用明显上升，经济效益就会受到影响。

要分析市场交通管理状况所引起的有利与不利条件，如单行线街道、禁止车辆通行街道、与人行横道距离较远都会造成客流量在一定程度上的减少。

（2）分析客流规律：很显然，客流量大才能扩大便利店的销售额。客流包括现有客流和潜在客流，商店选择开设地点总是力图处在潜在客流最多、最集中的地点，以使多数人就近购买商品，但客流规模大并不总是带来相应的优势，具体问题还需具体分析。

1）分析客流目的、速度和滞留时间。不同地区客流规模虽可能相同，但其目的、速度、滞留时间各不相同，要进行具体分析，再作最佳地址选择。

2）分析街道特点。街道特点对客流规律也有很大的关系。交叉路口客流集中，能见度高，是最佳开设地点；有些街道由于两端的交通条件不同或通向地区不同，客流主要来自街道一端，表现为一端客流集中、纵深处逐渐减少的特征，这时候店址宜设在客流集中的一端，还有些街道，中间地段客流规模大于两端，相应地，店址放置中间地段就更能招揽潜在消费者。

（3）分析竞争：现有竞争者的商业形式、位置、数量、规模等对开设便利店都有很大的影响，因此开店前必须要分析竞争对手，要分析所有竞争对手的优势和缺点，分析竞争的长期和短期变动情况，分析市场的饱和程度。一般来说，在开设地点附近如果竞争对手众多，商店经营独具特色，将会吸引客流，促进销售增长，增强商店信誉，否则与竞争对手相邻而设，将难以获得发展。

另外，与店址周围的商店类型，协调并存，形成相关商店群，往往对经营产生积极影响，如经营相互补充类商品的商店相邻而设，在方便消费者的基础上扩大了各自的销售。

（4）分析地形：选择商店开设地点时，分析地理特点就是要选择能见度高的地点设店，所以商店尽量临街而设，并尽可能选在二面或三面临街的路口，增强能见度，并可多设出入口，多设临街宣传橱窗。选择商店开设地点时还需分析开设地点的远景规划。有的地点从当前分析是最佳位置，但随着市场的改造和发展将会出现新的变化而不适合设店，反之，有些地点从当前来看不是理想的开设地点，但从规划前景看会成为有发展前途的新的商业中心区。因此，便利店经营者必须从长计议，在了解地区内的交通、街道、市政、绿化、公共没施、住宅及其他建设或改造项目的规划的前提下，作出最佳地点的选择。便利店经营者还要对商店未来效益进行评估，主要包括平均每天经过的人数中来店光顾的人数比例、光顾人数中购物者的比例、每笔交易的平均购买量等。经过以上调查和分析，相信一块便利店发展的黄金宝地就要出笼了。

想一想

根据生活经验，在哪里便利店更常见？

能力知识点 2　便利商品陈列与摆放技巧

1. 商品组合的巧妙运用

我国古代有一则寓言，讲的是一个叫柳侍郎的人在家里养了好几十只猴子。后因种种原因，食品供给发生困难，就与猴子们商谈减少他们食物供给一事。柳侍郎问猴群：“早上每位发三个果子，晚上发四个果子行不行？”猴子觉得太少，就齐声抗议：“不行！”面对这种情况，柳侍郎说："既然大家都不同意，那就每位早上给四个果子，晚上给三个果子，这样总可以了吧？"猴子一听，以为增加了果子数量，都表示同意，其实，前后数量并没有什么改变，只是果子的组合方式发生了变化而已。这种方法也可以作为一种零售业经营的谋略，那就是巧妙地改变商品原来的组合、包装方式，换一种办法将其重新组合起来，就可能为商品增添新的功能和应用范围，从而得到人们的心理认同，把滞销的东西变成畅销的东西。

英国伦敦有一家专营纸张、文具、图钉、回形针、尺子等文教小用品的杂货店，由于薄利而不多销，生意很是清淡。眼看破产的阴影越来越浓，经营者也以为回天乏术了，就去向一家管理公司咨询。

管理公司认真而仔细地对购物的消费者进行观察，并在观察的基础上进行分析。他们发现，来光顾的人，不论男女老少，也不管是否带有小孩，他们在购买文具小用品的时候，都不是仅买一样东西，而是三件以上一起买，这本来只是一个人人熟悉的生活现象，但大家都熟视无睹，没有从中看出什么奥妙。而管理公司的工作人员却从中得到了启示，他联想到自己读小学乃至中学时，书包里总是存放有钢笔、铅笔、橡皮、小刀、圆规等，不禁灵机一动，想出一个新颖的经营点子："文具组合"，即将上述文具及剪刀、透明胶带、1m 长的卷尺、10cm 长的塑料尺、小订书机、合成糨糊等，放进一个设计精巧、轻便易带的盒子里，盒子外表则印上色彩鲜艳和形象生动的图画。

他将这个点子告诉杂货店老板，于是新的商品组合就出现了。就这么一改进，对文具做了新奇的组合，不仅迎合了中小学生的需要，也受到了机关及工商企业界的职员和工程技术人员的欢迎，所以一上市很快就成为热门商品。销售额也呈直线上升趋势，不到一年时间就赚回了本钱，还收到了意想不到的利润。

吃到甜头后，老板再接再励，又增加了售货种类，进一步改善文具组合，在盒子里安上电子表、温度计，使它的功能趋于立体化。又根据孩子们的好奇心理，把组合盒弄成五花八门、千姿百态的造型，这样，文具虽然基本上还是那么几种，但内容不变外形变，组合创新使它越发获得了人们的青睐。久而久之，这家公司的小棚子就获得了一个雅号——爱的小屋。有趣的是，自从建了这个小棚子后，这家杂货店新进的衣帽销量不断创造新高，"爱的小屋"的名字也漂洋过海，蜚声国内外。有许多国外游客到伦敦后，都特意要去逛一下"爱的小屋"。

要卖东西就得研究消费者，这样才能吸引更多的消费者。上述例子对你难道没有什么启示吗？

2. 商品陈列技巧

便利特色模式的商品陈列是指应将消费者喜爱的商品摆放在店铺最佳的位置，以尽可能地增加销售机会，提高销售业绩。商品陈列的实际要求就是新颖独特。无论是采用陈列的方式还是发放的形式，都必须要有自己的特色，能够引起消费者的注意，激起他们的购买欲望。具体来讲，商品陈列大致有 10 项原则：

1）陈列的商品必须作出价格标识，有利于消费者获得性价比的信息。

2）造型简练，以简洁的形式、新颖的格调、和谐的色彩突出自己的形象；对于商品间的协调与色彩感的配合，必须注意醒目而自然。

3）在陈列窗内，一定要在视线所及之处挂出特色商品的招牌，以吸引消费者并加深其印象；把内容重点集中在行人视线所及处，让行人边走边看，很自然地进入店内，此种设计是最佳的。

4）吸引消费者兴趣的中心点不能太多，不要太贪于商品的种类与数目，否则会收到相反效果，使消费者觉得陈列窗像个仓库，商品很多，却没有层次和重点。

5）不可过于艺术化或是太浮夸，因为陈列窗是展示商品，而非展览艺术品，真实感很重要。

6）购买频率较高的商品或是冲动购买商品（丝巾、领带、装饰品等）应陈列在进口处；同时，商品的陈列应能引导消费者尽量向里走。

7）男女用品宜分别陈列，女性用品陈列的高度应在 150cm 以下，否则女性消费者没办法接触到商品，销路会受到影响。

8）采用合适的照明，使其既适合白天又适合夜晚，必须想出昼夜均有效的陈列法。

9）消费者有先向两侧走动的习惯，因此两侧商品的摆设宜特别讲究。

10）最低限度在一个月中须做两次改换，更重要的是要经常保持陈列窗的更新。

如果你时常溜进商店，然后将店内柜台（摊位）的布置画一个图表，仔细观察消费者走动的情形，就会发现许多店铺把很好的、未经设计的位置当成死角，十分可惜。而死角不外乎是光线太暗、通道布置不佳的地方。而良好的内部设置不仅有宽敞的通道，还有悦耳的音乐，而且音乐声音并不高，只是微弱而清晰地在人们耳边回响，使消费者有一种享受的感觉。

能力知识点 3　便利特色商品采购的 7 个原则

商品采购是便利特色商店经营活动的起点，也是商品流通的首要环节。做好商品采购工作是确保零售店铺可靠、稳定货源的前提条件，关系到零售店铺经营活动的正常运营。便利特色商店采购商品通常宜坚持以下 7 个原则。

1. 便利特色原则

对消费者而言，便利商店最大的特色是以“便利”作为思考的基点，从消费者购买时、使用时、携带时的便利等各方面着眼，采购具有自己特色的商品，方可塑造与其他业态商品结构的差异性。

2. 商品组合原则

由于经营策略的差异、诉求重点的不一以及商圈客户的区别，致使独立店和连锁店在商品的分类与组合上有所不同。譬如有些店贩卖生鲜，有些则不卖；有些店提供服务性商品，有些店则不提供。各种因素所产生的差异性，均会导致商品组合的不同，进而影响商品的采购作业。

3. 勤进快销原则

勤进快销是加速资金周转、避免商品积压的前提条件，也是便利特色商店不断发展的一个根本性措施。零售店铺必须利用自身有限的资金，来适应市场变化的需求，充分发挥自己船小好掉头的优势，以勤进促快销，促销保勤进，力争以较小的资金占用，经营较多、较全的品种，加速商品周转，做活生意。此外，为增加商品回转及品项，相同或类似的功能、口味、规格商品通常只陈列 1～2 种，以避免重复。

4. 以需定进原则

以需定进就是要根据目标市场的需求情况来决定进货，保证购进的商品适合目标消费者的需要，能够尽快销售出去。坚持以需定进，能够避免盲目的采购，促进商品的销售。由于便利商店的卖场小，无法陈列太多品项，因此在有限的陈列空间内，采购高回转率的商品是提高利润的重要手段。因此，采购人员应根据商圈客户需求、市场商品情报、市场占有率等来筛选最合适的商品，在卖场中陈列销售，以提高商品回转次数。

5. 安全卫生原则

近年，偶有不合格商品（如蜜饯、矿泉水等）在便利商品中销售，如此极易造成消费者食用不适及企业形象受损的后遗症。因此，供货厂商的筛选必须严谨，除备齐公司营业执照及食品卫生检验证明等合格文件外，还应检查其商品标示项目（品名、含量、原料名称、食品添加剂名称、制造厂商名称和地址、进口厂商名称和地址、制造日期等）的完整性，以确保采购商品的安全卫生。

6. 进退货规定的原则

由于便利商店连锁体系越来越多，为增加配送效率及门市处理效率，一般采用由配送中心或中央仓库直接以多样、少量、多次的配送方式，因此采购时应衡量供货厂商在配送作业的频率、最低订购量等方面的配合状况，以符合门市订货及进货需求。此外，便利商店属于商品更换率较高的零售业态，因此销售不佳的商品须迅速自门市中更换，并要求厂商处理退货。因此，采购商品时应要求厂商配合办理，以促进商品的销售。

7. 差异化原则

随着市场的细分，各种零售业态的不断兴起，便利特色商店虽然具有较大的竞争优势，但是面临的竞争也是越来越大。在这种情况下，商品如何表现差异性，提供消费者更大的满足感，形成经营优势，已是商品采购的重要课题。

在采购时，除了必要的畅销品外，更应掌握市场态势及消费者需求，以开发引进差异化商品。目前各连锁店努力发展的服务性商品（邮票、影印、代洗照片）、熟食、快餐等商品，均是竞争下所呈现出的差异化产物，不但可以满足消费者需求，提升形象，还可增加营业绩效。

想一想

假如你是便利店的负责人，以上商品采购原则对你是否有帮助？

能力知识点 4 便利店的开设

一般认为，当 GDP 达到人均 3000 美元时，是导入便利店的最佳时机。随着我国经济的快速起飞，国内市场对便利店的需求大大增加。

1. 便利店投资回报较高

相比于一般超市，便利店的利润相对来说要高些。比如，日本 7-11 便利店的毛利通常能达到 40%以上，远远超出了一般超市的水平。在深圳经营得比较好的便利店，一般的毛利都在 30%左右，最高的可以达到 40%。这主要是因为便利店实行“小而精”的经营原则，价格比一般大型超市高 10%左右。而便利店里上了货架的商品，都是一些销量比较大的商品。商品的周转快，库存也就相对减少，而且还可以根据销量从供货商那里获得一些返利。经营得好的便利店每个月几万元的收入是可以保证的。

2. 开设便利店的前期投入

一般来说，便利店的营业面积在 50～150m^2 左右，经营品种在 2000 种左右。目前在深圳，投资一家 50～70m^2 的便利店，一般需要 20～30 万元的资金，主要花费在店铺的装修、购买各种设备以及货物等方面；房屋的租金因地段的不同各异；在管理方面，因为要 24h 经营，因此一般需要工作人员 8～10 名左右。

一家 50 多 m^2 的便利店，每个月包括工资、水电等在内，花费一般为 2 万多元。便利店要节约成本，就要充分利用便利店商品周转快的特点，提高采购的效率，压缩商品的库存，那些卖得不好的商品千万不要上货架。

3. 前期市场调研

便利店在调研时应当本着认真、细致、灵活的态度，因地制宜，在消费能力强、竞争对手能力弱、市场潜力大的地方，设置过小的门店不仅会增加门店的经营压力，还为下一个进入本区的商家留下了过多的市场空间。

一般便利店的商圈在 500～1000m 左右，步行 10min。在选择门店的布点时，在一片未开发的区域中先设一家，然后根据店铺和商圈的销售需求情况来决定是否继续开店以辅助其市场占有情况。

4. 合理选址

投资便利店，选择合适的店址非常重要，这是便利店成功的最重要的因素。因为便利店的优势在于“便利”，因此很多便利店都是开设在社区和娱乐设施比较集中的地区，使得消费者购物更加方便。

合理的地址通常具有以下几个特点：

1）商业活动频度高的地区。

2）人口密度高的地区。

3）面向客流量大的街道。

4）交通便利的地区。

5）接近人们聚集的场所。

6）同类商店聚集的街区。

5. 巧妙布局

布局是否合理，是否能形成特色，不仅关系到便利店的商品销售，同时也是便利店整体形象在店面和卖场内部空间的直接表现。

1）便利店为了便于固定消费者群购物方便，应保证商品在大类的摆放上尽量不变。

2）对于门店的特价商品堆头展示应醒目，堆头不宜过大过杂，以免影响堆头效果，降低门店的单位销售额。

3）店铺的走道设置在80～90cm左右，不同于超市的设计，根据门店的高峰期合理安排商品的布局，将难挑选的商品和畅销商品分开，以避免高峰期购物堵满走道，不便于其他消费者的购物。

4）货架的高度应当照顾到众多家庭妇女的需要，中心货架不应高于 165cm，同时要注意对端头货架的利用，因为这是门店的黄金点，消费者在这些地方的驻足时间最长，可以摆设一些高毛利的畅销商品。

6. 细处着手

据笔者了解在每间便利店每次花费在20元以内的消费者占68.2%，40元以上的仅有8%，基本上没有超过100元的。因此，便利店要做好，必须从小处做起，做好每一笔生意。与一般的大型超市不同，便利店既卖日常生活用品，又提供多元的便民生活服务，如免费供应开水、代缴费、为手机充电、为自行车充气、冲印照片、打印数码相片、代收干洗衣物、代订鲜花、办网上商店、帮助复印与传真、代收EMS邮件、代订各类演唱会门票以及设立自助缴费终端，甚至代办培训报名、代订考试教材等，这种深入社区居民生活的增值服务有助于聚集人气等。

此外，由于便利店的主要消费群体是定位在 30 岁以下的学生和上班族（占其消费者总量的 80%左右），针对这一群体易于接受新事物、消费力强劲和追求时尚产品的特点，在商品的选择上要注重创新与更新，结合时尚主旋律。连锁经营的“可的便利”有数十家分散的门店网点：有从事餐饮的，有经营咖啡厅的，还有制作蛋糕的。1996年，“可的便利”作出了从事便利店业态的战略决策，走上了便利店的连锁经营道路。

便利店这种业态起源于美国，发展于日本等亚洲国家与地区，在国内几乎是一个空白点，既没有现成的模式与经验，又没有前人的实践。“可的便利”采取了探索、模仿、学习的态度，跨越了一道又一道“难坎”。经过多年的实践，“可的便利”迅速发展壮大，目前在华东地区和华南地区已经拥有800多家门店，销售额每年有60%左右的递增，连续5年成为全国百强连锁企业。

保证企业始终处于持续、稳定、发展的状态，是邱源昶在企业新发展阶段的基本思路。邱源昶说：“可的将根据社会的发展、消费的需求，不断地推出更多、更新、更好的服务项目，以服务于大众、服务于社会，让‘可的便利’真正成为百姓的好邻居。同时力争使‘可的便利’成为规模、业绩、效益、服务均达国际一流水平的便利店公司，成为国内便利店连锁企业的领头羊。”他认为可的便利店能取得今天的业绩主要在于以下两个方面。

1. “可的便利”成功的经营定位

“可的便利”紧紧围绕“远亲不如近邻”的核心理念，以诚信正直、热忱宽容的精神开展业务活动，追求卓越、贡献社会，为消费者提供最大的便利。便利店的竞争优势在于便利性，在于购物的便利、时间的便利、服务的便利等。“可的便利”的经营定位就是不断追求“便利性”的服务，成为人们生活的伙伴，人们的“好邻居”。“可的便利”在成立初期，许多门店都是传统的柜台式销售。要改进，苦于没有一种可参照的模板。当时只知道封闭自选式的概念，其中的配置、陈列一无所知。这时，正好有一家日资的便利店进入上海，真是送上门的好事，于是便就近学习与模仿，逐步形成“可的便利”的形象与风格。在 1997 年，基本完成了对原有门店的改造。所有门店全部实现了开架自选，方便了市民购物。

经过不断摸索、改进，“可的便利”逐步推行了 24h 全年无休经营。在 1997 年前，沪上除了“罗森”几家门店实行 24h 销售外，很少有通宵营业的商店。在 1997 年春节前，“可的便利”首先选择了几家较有可能成功的门店试行。起初效果不很明显，下半夜的销售额只有几十元、上百元，但“可的便利”一直坚持着。一年后，当“可的便利”的大多数门店都实行了 24h 营业时，夜间销售需求有了明显增长。

2. 高效的信息化建设

市场竞争使商品化进程加快，价格下降加快，产品的生命周期越来越短，利润变得越来越薄。如果不寻求先进的管理模式，不寻求创新，企业就要在竞争中消亡。信息化正在改变一切，在改变生产方式、管理方式和生活方式。要在高度竞争的环境中求生存和发展，首先应加快企业的信息化进程。

公司坚持运用现代信息化技术，创建了独一无二的“可的模式”：对商品自动补货、自动配货、自动核算、自动付款的“四自动”运行体系；建立了 HDPOS 商品销售与核算系统、基于国际互联网的 HDEC 供应链系统（BTOB）、HDintra 企业内部综合管理系统、HDHR 企业人事管理系统、HDCSS 店铺支持系统、HDEAM 资产管理系统、HDWMS 仓库物流管理系统，并覆盖全国所有的可的便利店，大大优化了管理流程，降低了管理成本，提高了管理效能，成为与协作伙伴实现共生与双赢的有力保障。高信息化、自动化的管理为可的今后更快更好地发展奠定了物流配送的强大基础设施和有力支持。

明确目标后用怎样的方案来达到目标，就成为新的问题。便利店的特点是店小、门店多、布点散，又是 24h 营业，管理难度很大，员工基本来自于社会再就业人员，对计算机技术的理解和应用较弱。所以必须要求后台（总部）控制的处理问题能力较强，而前台（门店）操作简单，商品销售与核算的全过程都由计算机代替人脑来控制与操作。于是就采用了以单品为基础的自动补货、自动配货、自动核算、自动付款的信息技术应用系统。

（1）自动配货：每日凌晨 1:00 后，信息中心通过计算机网络自动回收门店 POS 机的销售数据。系统根据下列公式计算出门店当时的库存（账面库存）：

账面库存=期初库存+门店配货数–门店销售数+门店调拨数

然后进行自动配货。系统提供了两种自动配货方法：一种是销售法，当门店账面库存低于设定的最低库存数量时，按门店过去若干天的销售数量配货；另一种方法是上下限法，当门店账面库存低于设置的最低库存（下限）时，按一个固定数量为门店配货，这个参数为上限。完成自动配货后，系统打印配货单，交仓库配货发货。货物到达门店后，门店根据随车的配货单验货收货。

自动配货系统使配货由门店叫货变为总部统一配货。目前，自动配货系统的例行操作由信息中心的两名夜班工作人员完成，白班销售管理部一名工作人员负责管理自动配货系统，研究和设置自动配送的规则。运用自动配货系统前，单店的平均库存为 12 万元左右，实现自动配送后单店的平均库存仅在 10 万元以下。若继续深入研究自动配货规则，门店的库存仍有下降的空间。

（2）自动补货：经物流仓库的配送商品基本是统配商品，“可的便利”采用自动补货系统为仓库补货，其原理与自动配货相似。系统可依固定周期或仓库的库存，按自动配货的方法（配送数量或上下限）自动生成订货单。供应商严格按订货单内容送货，并附正式发票。

（3）自动结报：每月 20 日 24:00 所有门店统一盘点，盘点时门店将盘点数据输入 POS 机。盘点结束后，信息中心自动回收门店盘点数据。系统根据账面库存和门店库存计算出盈亏数量，总部营运部于 21 日根据盘点数据，抽取部分门店复核，检查盘点质量。

（4）自动付款：按合同规定，系统中设置对供应商的付款期。系统会根据进货单的填单时间自动计算每张发票的付款期，在“可的便利每月的付款日自动生成付款单，财务主管经总经理复核后付款。对部分重点供应商，”可的便利实行自动划账，在付款日按付款单金额直接划款到供应商账上。

采用了“四自动”的运行方式，把大量业务工作程序化、规范化、简单化；利用信息系统在门店的商品库存盘点和货款解缴等方面加以管理，基本保证了“可的”的经营活动都是在可控的状态下运行，赢得了较好的效果与企业形象。

到 2006 年，公司拥有集直营、委托和特许加盟三种经营模式为一体的专业便利店 1200 余家，分布在上海、杭州、萧山、嘉兴、湖州、宁波、绍兴、慈溪、柯桥、无锡、江阴、宜兴、苏州、吴江、昆山、张家港、常熟、常州、太仓、扬州、南通等城市，形成了“以上海为中心，江、浙为两翼”的辐射态势。多年来公司规模及销售额持续保持稳健增长的水平，2006 年营业总额 26.28 亿，实现自 2001 年以来连续第六年盈利，是目前少数几家盈利的便利店公司之一。

举一反三

一、理论部分

（一）填空题

1．便利店存在的原因：_______、_______、_______、_______、_______。

2．便利店选址策略有________________、________________和________________。

（二）简答题

1．简述便利商品陈列与摆放技巧。

2．简述特色商品采购的 7 个原则。

3．列举商品陈列的 10 项原则。

（三）案例分析

7-11 连锁便利店

日本于 20 世纪 60 年代从美国引进便利店，由于就业妇女人数的增加、单身家庭数量的激增，越来越多的家庭妇女在餐桌上使用预煮食品，经济收入提高以及娱乐活动的增加等原因，使人们更加追求购物的便利性，为便利店的发展创造了有利的客观条件。便利店在日本的发展是成功的，1991 年，日本共有 41050 家便利店、网点密度为 3045 人/店，便利店在日本零售业销售总额中所占的比例达到了 5%。特别值得一提的是，7-11 连锁便利店，1991 年的利润高达 24.4%，创造了日本零售业的奇迹。为什么日本 7-11 公司能开一家成功一家呢？

1．**便利性**

（1）距离的便利性：7-11 公司的方便连锁店普遍分布于住宅区附近，在距离上更靠近消费者，一般情况下，步行 5～10min 便可到达，极大地方便了顾客的消费。

（2）购物的便利性：7-11 公司的便利店商品突出的是即时性消费、小容量、急需性等特性，品种在 2000～3000 种左右。与超级市场相比，其卖场面积小、商品种类少，而且商品陈列简单明了，货架比超市的要低，使顾客能在最短的时间内找到所需的商品。这给顾客购物带来了很大的方便。

（3）时间的便利性：随着社会的发展，人们的生活习惯已不再是早睡早起，夜间加班和夜间娱乐的人越来越多，这些顾客要求商店延长营业时间。7-11 公司 24h 服务的便利店是他们理想的购物场所。

2．**重视选址**

店址是开发过程中首要的和最为重视的因素，店址选择的失误将会直接导致店铺运作的低效率和投资损失。因此，选址历来是 7-11 店铺管理中十分重要的内容。在店址的选择上，7-11 考虑的一个基本出发点是便捷，从大的方面来讲，就是要在消费日常生活的行为范围内开设店铺。此外，7-11 还十分关注其他竞争对手的选址情况，因为强调店铺的便捷性是所有商店共同的出发点，因此，极有可能通过细微的对比寻求最优的点。总的来说，7-11 特别注意在居民住宅区开设店铺，而且在决定店铺位置时，非常注意避免在下述地点建店：道路狭窄的地方、停车场小的地方、车流量过大且不易进入的地方、店铺过小的地方、入口狭窄的地方以及建筑物过于狭长的地方等。

3．**密切关注顾客需求**

1987 年，7-11 公司把它的商店变成了支付公用品（水、电、煤气等）账单的地方。差不多15年后，这一改变使7-11公司在这个巨大的市场上占有3%的份额，而在这个市场的竞争对手中包括银行和邮局。7-11南中国区总经理马世豪先生在总结这方面的管理经验时也谈道：在广州，7-11成为首家设立“好易”自助缴费终端的24h零售店铺，该终端除了提供缴纳各种费用的功能以外，还可以为顾客购买保险及订购机票。

近年来，7-11根据顾客要求，不断补充服务内容，利用7-11店铺网络之便，扩展八大项24h便民服务，包括：①电信有关服务，包括各类电话卡、手机充值卡、补换SIM卡及提供手机充电等。②互联网相关服务，包括上网卡、游戏点数卡及网站点数卡等。③票务服务，包括体育彩票、彩票投注卡、各类演唱会、展览会及讲座门票，以及泊车卡等。④代收报名服务，如代办各类培训的报名手续。⑤订购服务，包括代订考试教材、潮流用品、礼品等。⑥送货上门服务，即根据不同区域的顾客需要，提供送货上门服务。⑦传统便民服务，如出售邮票、复印、传真等。⑧除了利用店铺网络优势之外，7-11还利用柜台处理交易的特点，成为首家在市场提供另类缴费途径的店铺网络，发展缴费服务。

4. **严格的审查程序**

日本7-11在审核加盟条件时是十分严格的，被拒绝的比例约占1/10。审核的主要条件有3个，而且是缺一不可的：①地理环境。地理条件的三大重点是视界性（从远处就可以看见）、接近性（顺路、便于靠近，如有很方便的停车场）、动线性（面对人车往来的马路、客流量大）。此外还需要了解，如附近有无红绿灯、学校以及往来车辆数目、往来人数、有无竞争店铺，如有，相距多远，附近居民的购买能力、层次等300多个审查项目。②店主的素质和个人因素。在素质方面，7-11主要强调经营者要严格遵守7-11店铺经营的基本原则，这是7-11经营的核心和诀窍。这些基本原则主要有4点，即鲜度管理（确保销售期限）、单品管理（单品控制，防止出现滞销）、清洁明亮（有污垢立即清扫，保持整洁明亮的店铺）和友好服务（热情、微笑待客）。个人因素是7-11在店铺设立过程中十分注重的因素，也是7-11店铺管理的一大特色。这些因素包括加盟者的身体健康状况、对商店的了解程度、性格、夫妇关系融洽与否、孩子的大小以及本人的车龄等。也就是说，7-11不要求店主是非凡的经营天才，但要求身体健康、有敬业精神、踏实肯干、具备必要的社会常识。③财务状况。7-11要求店主没有借债习惯，不能嗜赌成性，能够负担加盟所需要的费用。以上三个条件如果能够顺利通过，就可以签订契约了。

5. **集中化的物流管理**

典型的7-11便利店非常小，场地面积平均仅100m^{2}左右，但就是这样的门店提供的日常生活用品达3000多种。虽然便利店供应的商品品种广泛，通常却没有储存场所，为提高商品销量，售卖场地原则上应尽量大。这样，所有商品必须能通过配送中心得到及时补充。如果一个消费者光顾商店时不能买到本应有的商品，商店就会失去一次销售机会，并使便利店的形象受损。7-11按照不同的地区和商品群划分，组成共同配送中心，由该中心统一集货，再向各店铺配送。地域划分一般是在中心城市商圈附近35km，其他地方市场为方圆60km，各地区设立一个共同配送中心，以实现高频度、多品种、小单位配送。实施共同物流后，其店铺每日接待的运输车辆从70多辆下降为12辆。另外，这种做法令共同配送中心充分反映了商品销售、在途和库存的信息，7-11逐渐掌握了整个产业链的主导权。在连锁业价格竞争日渐犀利的情况下，7-11 通过降低成本费用，为整体利润的提升争取了相当大的空间。

（资料来源：张卫东．网络营销理论与实践．北京：电子工业出版社，2005.）

请问：1．7-11 便利店具有哪些优势？

2．集中化的物流管理能带来什么样的效果？

二、实践部分

参观两家定位不同的便利店，对其商品策略进行分析。

学习评价

被考评人					
考评地点					
考评内容	便利店选址策略，便利店商品的摆放技巧，便利店采购的 7 个原则				
考评标准	内　　容	分值/分	自我评价/分	小组评议/分	实际得分/分
	便利店选址策略	30			
	便利店商品的摆放技巧	50			
	便利店采购的 7 个原则	20			
合　　计		100			

注：1．实际得分=自我评价 40%+小组评议 60%。

2．考评满分为 100 分，60～74 分为及格；75～84 分为良好；85 分以上为优秀（包括 85 分）。

第七单元 购 物 中 心 7

本单元学习导引图

购物中心
- **购物中心概述**
  - 购物中心的定义及类型
  - 购物中心的特点
  - 国内外购物中心的发展状况或存在的问题
- **购物中心的经营与管理**
  - 购物中心的选址分析
  - 购物中心景观规划与设计
  - 购物中心的经营管理

学习目标

通过本单元的学习，您将了解到购物中心的基本概念及类型，了解到购物中心的管理理念和方法。

综合知识模块一 购物中心概述

能力知识点1 购物中心的定义及类型

购物中心最早出现在古希腊的群居集市和港口商业交易区。有学者认为现代购物中心是20世纪20年代出现在美国的。第二次世界大战以后，美国人口迅速增长，加之美国人本来就有迁徙的习惯，这就形成了居民对便利购物服务的需求，而存在着的提供购物服务的业态大多是兴建于20世纪50、60年代。1956年在美国明尼苏达州出现了Southdale购物中心，它的特点很鲜明，两层楼的封闭式空间，还设有中央空调，这提高了购物的舒适度。该购物中心引进了两家相互竞争的百货商店为核心内容。它的出现标志着现代化的购物中心的出现。

随着市场社会的进程加快，购物中心如雨后春笋般地发展起来。西方国家的购物中心最早出现于 20 世纪 50 年代，在 20 世纪 80 年代迅速发展。由于历史原因，购物中心在我国没有得到很好的发展，自改革开放尤其是 20 世纪 90 年代购物中心的发展步入了快车道，尽管这些购物中心与西方的有一定差距，但是具有了购物中心的基本特征。

我国标准中对购物中心的定义："是多种零售店铺、服务设施集中在由企业有计划地开发、管理、运营的一个建筑物内或一个区域内，向消费者提供综合性服务的商业集合体。"标准将购物中心分为四种类型：社区购物中心、市区购物中心、城郊购物中心、工厂直销中心。

（1）社区购物中心：我国标准的定义是："在城市的区域中心建立的，面积在 5 万 m^2 以内的购物中心。"美国国际购物中心协会对社区购物中心的描述是：经营一般商品，满足便利需求，营业面积为 0.9 万～3.2 万 m^2，包括折扣商店、超级市场、药店、家居中心、服装折扣店等，商圈范围为 4.8～11.2km。法国对社区购物中心的描述是：相当于一条聚集更多商店的商业大道，供应日常用食品和非食品，以及提供多种服务，店铺数量为 30～50 家，核心店是超级市场或是百货商店及杂货店，销售面积在 3000～1.5 万 m^2 左右。

（2）市区购物中心：我国标准的定义是："在城市的商业中心建立的，面积在 10 万 m^2 以内的购物中心。"美国国际购物中心协会对市区购物中心的描述是：经营一般商品和服装，营业面积为 4 万～7 万 m^2，包括高档百货商店、折扣商店、时装店等，商圈范围为 8～24km。法国对市区购物中心的描述是：大商店聚集地，有宽阔的停车场，包括两个大型商店为核心店，专业店达 80～150 家，满足消费者的全部生活需要。

（3）城郊购物中心：我国标准的定义是："在城市的郊区建立的，面积在 10 万 m^2 以上的购物中心。"美国国际购物中心协会对城郊购物中心的描述是：经营更为丰富的商品和服务，营业面积为 7 万 m^2 以上，包括高档百货商店、折扣商店、时装店等，商圈范围为 8～40km。

（4）工厂直销中心：我国标准的定义是："由生产商直接设立或委托独立经营者设立，专门经营本企业品牌商品，并且多个企业品牌的营业场所集中在一个零售业态。"美国国际购物中心协会对工厂直销中心的描述与我国标准有较大的差异，他们认为：工厂直销中心是购物中心的一种类型，汇集各厂家设立的品牌商店，以折扣的价格销售品牌商品。国家标准的定义应根据这一内容进行调整。

想一想

在你的生活中，最喜欢去什么类型的购物中心？

能力知识点 2 购物中心的特点

购物中心是一个统一体，融合了不同的商店和其他设施，使其在定位上有明显的特征。同时，现代购物中心所创造的人文环境和舒适优雅的购物环境（即体验），也是传统商业街所无法比拟的。

1. 观念和技术的先进性

现代购物中心是一种先进的经营方式，需要先进的观念配合科技和技巧方能成功。现代购物中心的设计、运作和管理突破了传统零售业的种种局限，要取得成功，必须依赖理念、策略与科技。换句话说，购物中心已经成为零售业中的最具高科技特征之一的经营方式。因此，开发购物中心，除了资金之外，对科技的重视和各种专业人士的参与以及核心资源的整合是必不可少的。

2. 整体性

统一和协调的整体建筑设计计划，包含主题商店和卖场的选择，各方面均需依照计划及考虑内部的风格一致，从而使整个设施和场地方面体现整体的主题与概念，同时，购物中心的设计也要考虑在后续的扩充和管理方面具有较大的弹性，以适应未来发展和调整的需要。

3. 便利性

购物中心必须选择交通便利的地理位置，使消费者易于寻觅，且私家车出入方便，具备充足的停车空间和设备，方便消费者进出；同时也要考虑专用车道及店后空间，以便于货车运送商品进出货时使用。此外，周边的道路系统也要一并加以考虑，如公共汽车站、地铁站是否在附近的位置，以便吸引最大的人流。

4. 景观的一致性

购物中心建筑物及其场地布置，诸如草木花卉、灯光、招牌、绿地、庭园造景、公共设施等建筑设计，均能和谐一致，使购物环境显得优美、安全，同时需与周边景观与人文文化紧密融合。

5. 商品组合和功能的多样性

商品组合力求多样化，包括广泛的业种、业态，在商品线和服务内容上，给消费者一个深而广的消费选择。各类商品的主题商店聚集一处，通过统一的商店和卖场的经营管理模式，提供给购物者最大的方便。

当今的购物中心不单是一个“购物”中心，如要吸引消费者，必须将购物中心塑造成一个多功能的生活与服务中心，应更加强调文化、娱乐、教育、服务、展示等各种功能所占的比例，只有这样才能使购物中心富有强大的生命力与成长性。

6. 营销策略的灵活性

营销策略被认为是购物中心发展成功的关键因素之一。因此，必须灵活掌握市场的营销趋势，来规划营销策略、拟订营销计划，同时充分配合运用广告及事件营销手法，以提升整体购物中心的活力和形象。若能融入部分商家的营销活动，将更有助于整体购物中心营销的成功。例如，购物中心的经营管理部门可针对购物中心内的某一类商户，展开消费者满意度调查，并将结果及可能的策略性意见提供给商户，双方成为共存共荣的关系。因此，购物中心在规划设计及卖场出租、经营的过程中，应将营销人员纳入开发小组成员，以确保以营销为导向的购物中心的逐步成型。

能力知识点3 国内外购物中心的发展状况或存在的问题

一、西方主要发达国家购物中心的发展状况

购物中心兴起于西方的美国，随后在其他的西方国家如雨后春笋般地发展起来。相对于他们，我国的购物中心还比较年轻，很有必要去学习借鉴一下他们的发展经验，以便在发展中少走弯路。下面主要介绍英国、美国、新加坡等国家的发展状况。

1. 英国

英国大型购物中心，刺激有效需求，促进就业增长，成为推动整体经济增长的巨大动力。英国目前有1400多家大型购物中心和商场，有的同是邻居，有的则是开放式的商场，称之为“工厂直销店”，不仅吸引着国内消费者，也是国际游人参观购物的必到景点。购物中心的建设和发展，在英国后工业时代经济从传统制造业向现代服务业转变、社会从工业化向信息化转变中发挥了独特的作用。

行业专家认为：要建成和办好一个大型购物商场，固然有许多要素，但其中最重要的是商场的选址。

1）选一个好的位置。行业专家说，这需要作细致的商圈调查。通过调查，了解和选准未来的消费者群体。在英国，要建成一个大型商场，从有想法、订计划、报审批、征土地、进行听证、筹投资、招客户，到施工建设、开门营业，平均需要10年时间，有的长达16年。其中需获得国家和地方两级政府批准，一般需要4年多时间，尤其是在地方政府批准后方能开始征用土地，其过程十分漫长。因此，大型商场的选址和设计、商品和服务都要有相当的前瞻性，适应至少是未来10多年以后的经济状况和消费趋势。举例来说，英国的勃兰特—克劳斯购物商场于1976年建成营业，总共花了16年时间。它的选址很成功。勃兰特—克劳斯地处伦敦西北交通要道。商场周围5km（开车约15min距离）内有12.9万户家庭。商场建在交通枢纽处，消费者本来就多，还有收入颇丰的固定消费群体，加上地铁和十几路公交车的终点站，消费者源源不断。勃兰特—克劳斯购物商场总裁奈森指出，方便开车购物对于选址来说是一个非常重要的因素，消费者手提采购的货品乘公交车或步行毕竟不方便，而开车购物则比较方便，因此，该商场的消费者人均采购量超过设在伦敦市中心和铁路站的商场。

2）名牌专卖店关系到商场的档次。商场要有一个合理的租户组合，要有符合商场消费者需要的不同档次的商店、餐馆、咖啡厅、娱乐厅、影剧院，甚至保龄球场馆等。奈森说，在商场招商过程中，有大型知名百货商店进驻至关重要。如勃兰特—克劳斯商场就有约翰—路易斯、芬威克等名牌大型百货店，它们的进驻会带动许多中小商家入驻。入驻商店的品牌不一定是独有的，但必须能够满足不同消费群体的需求。

3）注重经营财务细节。商场选址和租户组合做好之后，需要制定营销战略。而营销战

略的确定也要作市场调查。英语中有句俗话："魔鬼就在细节中"。财务细节不解决，商场经营就搞不好。奈森说，营销战略的重点是找准核心消费者群体，这犹如射箭要击中靶心。购物商场不能为消费水平低的消费者而生存。勃兰特—克劳斯瞄准的靶心首先是"时髦的单身消费者"，这是一组金钱富有、时间贫困、人数不少的消费者群，他们追求时尚名牌，到商场只要有中意的品牌，便痛快成交，出手大方。第二类重要的客户是高收入家庭。这些消费者受过良好的教育，买了房子，付清了贷款，孩子也已长大，经济富裕，夫妇俩至少一人有可以自由支配的时间。这类消费者占英国总人数的20%，他们中40%的人每周来一次商场，8%的人每天都逛商场。行业专家说，商场要找既有钱又有时间的消费者。为此，需要把推销预算中15%的钱花在市场调查上，这对于市场战略来说是根本性的。至于广告推销，其实不用做电视广告，因为很贵，覆盖面是整个伦敦，"我们选择便宜的电台和报纸广告，还有广告牌、地铁和公共汽车广告，更有针对性地面向本地区的消费者"。

4）经营好一家大型商场还需要营造一个良好的购物环境。行业专家说，良好的购物环境包括：视觉好、自然光线、安全舒适、清洁卫生，并有保安、闭路监视器，购物无后顾之忧。比如，厕所必须保持清洁，对占大多数的妇女消费者最为重要。另外，停车场建设对商场也很重要，勃兰特—克劳斯四周全是停车场，还设有多层停车楼，共有8000多个停车位。奈森介绍，停车场是消费者来商场购物首先到达和最后离开的地方，必须达到消费者满意的程度，车位要多且宽敞，离商场要近，要有残疾人专用停车位，照明要亮，进出标记要清楚。勃兰特—克劳斯商场有115家商店，购物面积达5万m^2，共有雇员4500人，既为常租的商家房客服务，又为前来购物的消费者服务，两方面的服务缺一不可，相互促进。该商场是所在的巴奈特区创造就业岗位的第二大户，仅次于公共部门的区政府及其医疗和教育部门。

设在商场中央的咨询台服务功能齐全，如询问购物商店和出口、失物招领、替慈善机构义卖小玩具和纪念品、提供急救医疗服务、代办购物礼券（用现金或支票办成商场礼券馈赠亲朋好友）、商场求职介绍和登记（可以随意查阅一本记录商场各类职位空缺的活页册）等。现在英国政府计划部门已经作出决定，要求新建的商场不仅不能占用园林、绿地和草地，而且首先要选择在市里和社区内，以促进城市的就业和经济繁荣。

2. 美国

美国现有约47000多个大型现代购物中心，每年为政府带来近840亿美元的销售税。美国人每年在各种购物中心的消费额高达2万亿美元。购物中心已成为美国服务于城镇居民和国民经济的一个成熟产业。

1922年，在美国堪萨斯城出现了第一个"乡村俱乐部广场"，只由一个百货店和一家药店组成。汽车时代到来后，城乡接合部又出现了更多的购物中心。

美国最大的购物中心Mall of America位于明尼苏达州的伯明顿，建筑面积约39万m^2，占地32万m^2，12750个车位，总投资高达6亿多美元。购物中心集购物与娱乐于一体。Mall of America的主力店由4间本地的百货公司组成，分别配置于商场内4个主要零售位置的4个角落。此外，还有超过520间零售专卖店、80间餐饮店分布于3个楼层，大部分在美国已具有知名度的零售商及一些国际性零售商均设店于此购物中心内。

美国的巨型购物中心几乎无所不包，可以称得上是一个小“城市”。现代购物中心的功能趋向多样化，并且常常与其他功能设施形成多功能综合体。它不仅满足购物需要，而且也满足文化、娱乐和餐饮等需求，创造了“一站式商城”这个集购物娱乐于一体的发展概念。在整体布局上，成功地利用内部不同分区的功能和定位、商户组合，以及建筑细节等策略，吸引消费者始终保持购物逛街的情绪和消费欲望，增加吸引力，延长购物者的停留时间。

在美国，大型购物中心的规划、投资开发、出租和经营管理，均由行业强势专业机构操作。开发商在开发建设完购物中心之后，通过出租经营，以收取租金的方式获取投资回报，并且由开发商自己拥有的购物中心管理公司，或委托其他专业管理公司来对购物中心进行统一管理。这就要求购物中心的开发商是综合性的商业房地产开发商，不仅具有雄厚的资金实力，还要具备开发商、投资商、经营商的背景。

美国商业房地产产业经过长期的发展和充分竞争，已经由市场打造出几十家大型购物中心投资商及开发商品牌，这些投资商和开发商旗下都组合着几十家甚至几百家购物中心，是美国购物中心产业的主力军。比如西盟地产集团在美国境内拥有 250 多家购物中心，GGP 地产公司拥有 160 多家购物中心，这些公司都是美国纽约证券交易所的上市公司。

美国购物中心的成功经营经验之一，就是招商原则注重开发商与进驻租户之间、租户与租户之间的合作，通过联合行销共同发展，进而不断优化购物中心的业态组合和运营效率，以确保各租户在中心内的业务彼此之间具有良好的互补性，以及整个购物中心具有鲜明的特色。

购物中心管理是物业管理与商业管理的交织。管理主体有的是房产所有者，有的是房产所有者聘请的专业化商业管理顾问公司。管理者不仅要保证水、电、暖、空调等设备的正常运转及周围环境的整洁与安全，还应该知晓店铺经营知识，为各零售商提供信息服务和有参考价值的建议，更重要的还在于进行统一的促销活动，负责把消费者引进店中来。

购物中心不是集贸市场，管理者也绝不是仅收租金，必须能够保证入租的客户具有完美和大体一致的形象，从而保证他们能赚取理想的利润，大多数购物中心的经营管理由专业购物中心管理公司负责。

在美国，光顾购物中心的消费者 90%是自己开车前往。购物中心尤其是郊区的购物中心，必须依托于快捷的交通，特别是高速公路和地铁等轨道交通，华盛顿地区的两家大型购物中心相距约 11.3km，这样的距离是在综合人口密度、交通等各种因素后确定的。

每年有超过 3500 万至 4200 万人次到访 Mall of America（即平均每星期 60 万至 90 万人次），其中一大部分的到访者是居住于离此购物中心 150km 以外的范围。此外，此购物中心距离双子城国际机场不足 2 公里，并坐落于拥有 7000 间房间的酒店附近，对于本地及外地游客来说，地理位置均十分便利。该中心拥有逾 12000 个停车位，由于明尼苏达州的冬天十分严寒，在规划购物中心时，停车位距商场入口的距离不超过 0.09km。

购物中心内的娱乐设施是带动消费人流的一个主要环节。以 Mall of America 为例，其娱乐及休闲设施的比例特别高，包括一个设于零售设施旁投资达 7000 万美元、占地 $7hm^2$ 的史努比主题公园。此外，还有一个 120 万 t 的水族馆，一个两层高、18 洞的小型高尔夫球场及一些传统的商业娱乐设施。同时，商场刻意突出强烈的主题装修风格，配以与娱乐设施有关的一些零售商在区内经营。商铺布局合理，通过不同物业的混合发展，达到吸引消费者的目的。

3. 新加坡

造型酷似人手五指的新达城是新加坡最大的综合性商业建筑群，建筑面积 65 万 m^2，由 5 座办公大厦、购物中心、国际会议展览中心及财富喷泉组成。有统计显示，新达城共有 700 多家公司落户，每天有 1.5 万多人在此办公，5 万多车辆出入，1 万多辆车停泊，每月外来访客超过 200 万人次，堪称“城中之城”。尽管这里车水马龙，但车辆、人群井然有序，堵车、拥挤很少见，使人在惊叹设计建造者的匠心独具的同时，折服于新加坡城市规划的有序与管理的高效。

城市是一部生活机器，其最高效率应该是节省人力、节省资源、节省土地。商业区域、商业网点的发展是城市规划的有机组成部分。传统的商业区是带状的，而现代的商业区则应该是块状的。传统的带状商业地带，距离拉得较长，商店效益不佳，车辆经过时降低速度或沿路停泊，降低了可用的车行道容积，容易造成交通阻塞，地面使用效率很低。同时，商店人声嘈杂，干扰和影响了居住者的安宁。而块状地带相对封闭，可以有效避免带状地带的弊病。

以新加坡为例，城市规划分为中心区、城区以及邻近区域、卫星镇、邻里街坊等几级，商业网点也相应设立在中央商务区、城区中心、镇中心、邻里中心等。商业中心的最高层次是中央商务区，辐射全岛，接下来的层次被划为 5 个分区，即东部、东北部、北部、西部和中心区，理论上每个区都有各自的商业中心。

根据行业专家的研究，中央商务区服务的人口数量为 600 万人，土地面积为 $300hm^2$，服务半径为 20km；城区中心或邻近区域中心服务人口为 100 万人，土地面积为 $42\sim16hm^2$，服务半径为 5～8km，交通工具为公共汽车、地铁、轻轨等；镇中心服务人口为 20 万～40 万人口，土地面积为 $4.8hm^2$，服务半径为 2～3km，交通工具为公共汽车、轻轨、自行车等；邻里街坊中心服务人口为 5000 人左右，面积为 $1.3hm^2$，服务半径为 350～500m，交通往来可以骑自行车，也可以步行。

比较正规的中央商务区既要有政府机构、写字楼、酒店及购物商场等核心部分，还要有文化、餐饮、医疗等配套辅助设施等，以多种功能满足人们的不同需要。重要的是，各级商业区的发展应该层次清楚，定位明确，规模不能无限度扩张，要以服务人口的数量、购买力等为基本依据，考虑商业中心发展的定位和规模，即首先考虑人的因素，然后再考虑是否兴建商业中心、建造多大规模等。新加坡在中央商务区的规划、建设方面是非常谨慎的，牛车水一带是 19 世纪到 20 世纪初建造的，桑顿大道金融区一带则是 20 世纪下半叶建造的，滨海南综合娱乐场一带在 21 世纪建造，它们连贯、有序，构成了一幅新加坡城市发展变迁的美丽图画。

二、我国购物中心的发展状况及存在的问题

（一）我国购物中心发展简述

20 世纪 80 年代末期，有许多自称为购物中心的商场，如北京西单购物中心、北京赛特购物中心纷纷成立，但在当时它们都只有购物中心之名，而无购物中心之实。既无应有的功能，也无必需的规模，因此都不能算是真正意义的购物中心。直到 20 世纪 90 年代中期，随着上海港汇商城、广州天河城、北京国贸中心的陆续建成开业，我国内地才开始拥有了一批真正的购物中心。这些购物中心的经营内容突破了单纯百货店的模式，将小规模的娱乐、餐饮项目融入店内，取得了一定的成功，并带动内地各大资本相继注入，纷纷上马建设购物中心。这一时期国内城市化水平明显提高，国家城市率超过 40%，因而商业向几何中心发展的趋势不可阻挡。

从不完全统计来看，目前全国已开业和正在投产建设的大型购物中心共 400 多个，全世界建筑面积最大的 10 个购物中心里我国就占了 6 个，并且随着经济的发展，私家车拥有数的增长，建在市郊的购物中心也开始出现。同时购物中心的形式逐渐丰富，出现了购物、生活、娱乐、文化、旅游等不同主题的购物中心，呈现出多元化的发展格局。

（二）我国购物中心发展中存在的问题

从总体来说，由于购物中心这一“新鲜事物”在我国内地发展的时间还比较短，在具体的运营过程中免不了出现这样或那样的问题，抛开政府的宏观规划不谈，单就企业运作和管理来说也出现了一些失误。这些失误主要集中在选址策略、营销定位、租户选择以及后期管理等几个方面，下面进行具体分析。

1. 选址策略不佳，忽视成本原则

由于购物中心规模一般都比较大，内部店面林立，需要有较大的客流量作为支撑，但国内目前人均 GDP 还比较低，家庭汽车拥有量还处在一个较低的水平上，再加上城市交通环境不太理想，因此购物中心必须建在城市主要商业区，起码是人流相对集中的地段。在选址策略方面，国内购物中心主要有两个的误区：第一个误区是选址过于追求地段，忽视了成本问题。一个项目的成功与否并不单纯取决于某个因素，而是各项管理经营绩效综合作用的结果。一个黄金地段对于购物中心固然具有很重要的意义，但如果后期的租户管理、商品组合以及经营业绩不能及时跟进，那么好地段对应的高成本必然会把项目拖死。第二个误区是选址时只是静态地考察项目本身，没有很好地结合商圈效应。商圈是指商业企业吸引消费者的区域范围，是商业企业进行销售活动的空间范围，它是由消费者的购买行为和零售企业的经营能力所决定的。在这一空间范围内，企业向目标市场（即所圈定的消费者）提供商品和服务。购物中心开发该在哪儿进行，其辐射的半径在哪儿，都要根据已经形成或正要形成的商圈性质来确定。但目前国内购物中心的开发很多都没有结合所在商圈的特点，没有认真分析圈内消费者的实际需要和心理特征，或是与其他零售业态的一致性过高，没有自身特色，因

而影响了商业经营活动的开展。

2. 营销定位不准，理念难以传播

目前国内购物中心在营销定位方面存在的问题主要是虚化了市场定位的真正含义，造成定位与市场的真正需要脱节、市场主观预期与客观需求脱节，直接影响到购物中心竞争能力的提升和商业特色的发挥。另外，还有一些购物中心虽然有较为明确的定位，但在实际操作中并没有结合项目自身特点进行整体考虑，过于依赖大店、大卖场和超市，导致商品组合与自身定位不协调，影响了购物中心的经营业绩。

由于定位模糊或定位过高，还常常会造成理念难以传播的情况。一些购物中心最初的定位是休闲、娱乐和享受的生活场所，但现实中人们的看法却与之相距甚远。究其原因，没有准确把握消费主流，休闲理念难以传播是其中的关键所在。在现阶段，由于国内厂商和服务商资源比较有限，品牌数量不足，可供选择的余地很小，如果定位不准、没有将理念传播于大众心中，最终导致的结果就是消费土壤缺乏，购物中心死亡。

3. 单纯强调租约，租户选择不当

由于现阶段的地产开发商专业能力普遍不强，持续开发的意识较为淡薄，行业法规也很不健全，因此许多开发商通常都急于出售物业以回笼资金、转嫁风险，这就导致购物中心的经营效率低下、规模和结构存在偏差、资金与零售品牌资源对接能力不强。

开发商的另外一种做法就是待价而租、价高者得之，这种做法只单纯地追求租金，毫不考虑租户是否与整个购物中心的定位相匹配、是否与购物中心内部风格相适应。购物中心项目如果以这种出售模式运作，一旦业主拥有了产权之后，就会按照自己的市场判断来决定经营的项目，发展商很难综合协调，结果往往是打乱了整个商业地产项目的经营业态布局，使购物中心偏离了真正的模式，最后变成了鱼龙混杂的小商品市场。

4. 重视前期宣传，忽视后期管理

现在国内许多大型购物商场都很重视前期的宣传，在这方面往往一掷千金，也起到了一定的效果，许多消费者开业伊始慕名而来，但结果却是败兴而归，管理混乱是其中一大要害。一个购物中心里常有上百个独立的零售商，加上“分散经营，统一管理”的行业特征，管理难度很大，很多管理者在面临诸如是否统一收银、是否统一营业时间、是否进行统一的促销行动等问题时不能很好地进行协调，导致购物中心缺乏整体感，直接损害了购物中心的整体形象，使消费者失去光顾的兴趣。

同时，专业人才的缺乏也是制约购物中心发展的一大因素。购物中心是一个集金融、商业、地产于一体的结合性产品，因此在管理上具有很强的综合性。从 20 世纪末期开始，我国购物中心开发就开始呈现突起态势，专业人才供应量却极其有限，这一矛盾已成为制约国内购物中心发展的主要障碍。

想一想

购物中心是何时发展起来的？根据你所掌握的内容预测将来购物中心的发展方向。

举一反三

一、理论部分

（一）填空题

1．购物中心是指____。

2．购物中心的主要特点包括________、_________、________、_________、________、_______。

（二）简答题

1．简述西方主要发达国家购物中心的发展状况。

2．我国购物中心的发展状况及存在的问题有哪些？

（三）案例分析

台北101购物中心

台北101购物中心群楼商场有地上101层和地下5层，高508m。台北101购物中心的B2至B4为停车场，B1至4楼共有5层楼的购物中心，5楼则为数家银行与证券服务金融中心进驻服务，6楼至84楼为一般办公大楼，85楼为商务俱乐部，86楼至88楼为观景餐厅，89楼为室内观景层，91楼为室外观景台，观景台面积约761m^2，象征未来之窗。

台北101购物中心挑高宽敞的设计空间，将带给来此的消费者感受前所未有的购物享受及绝无仅有的视觉和空间感受，让逛街不再是拥挤的抢购，而是逛得轻松、买得优雅的超高级享受。

B1：为生活聚场，除了有各类品味生活及个性时尚的商店，还提供来自各地的美食，设有上千个座位及舒适的用餐环境，提供最贴心的服务。

1F：101大道，全世界最受欢迎的流行品牌都可以在这里见到，无论是服饰、配件、彩妆保养，能一次满足消费者消费欲望。

2F：时尚大道。各类知名品牌，极具个性及质感，满足消费者对品位的坚持。

3F：名人大道，顶尖的名牌精品，最多的品牌旗舰店，让消费者宛如置身纽约第五大道，高雅舒适的购物环境，与全世界同步的流行趋势，让消费者打造更亮眼的自己。

4F：都会广场，挑高40m，占地500多m^2，精心设计的采光及景观，提供给消费者最有艺术气息的娱乐休闲空间。围绕消费者的是四周的露天咖啡座及精致的点心，巴黎浪漫慵懒的氛围，为消费者忙碌的都会生活注入另类品味。另外，还有多家欧式、泰式与中华料理餐厅，让消费者在消费完再大啖美食一番。

请问：台北101购物中心的具体楼层分布是怎样的？每个楼层有什么功能？

二、实践部分

1．训练目标：理解购物中心对人们购物方式的改变，以书面报告的形式体现。

2．训练准备：

（1）和身边的人以聊天或访谈的形式，了解购物中心对他们购物方式的改变，样本数大于5人，根据谈话内容进行分析整理。

（2）完成周期：一个星期。

3．训练地点：由任课老师指定。

学习评价

被考评人					
考评地点					
考评内容	购物中心的定义，购物中心的主要特征				
考评标准	内　容	分值/分	自我评价/分	小组评议/分	实际得分/分
	购物中心的定义	40			
	购物中心的主要特征	60			
合　计		100			

注：1．实际得分=自我评价40%+小组评议60%。

2．考评满分为100分，60～74分为及格；75～84分为良好；85分以上为优秀（包括85分）。

综合知识模块二

购物中心的经营与管理

能力知识点1　购物中心的选址分析

在这个业态中有句不成文的话语：位置决定一切。虽然说的有失偏颇，但有很大的合理因素。位置是购物中心开发的先决条件，购物中心对区位有着严格的要求，其对将来的经营成败有重大影响。我们有必要对此作详尽的分析。

一、购物中心的选址原则

购物中心的位置选择应遵循一定的原则，只有具有科学性原则的指导，才能作出正确的判断。作者认为购物中心选址应遵循以下原则。

1．最短时间原则

最短时间原则即应当位于人流集散最方便的区位。商业活动的基本前提是商业与购物者面对面进行交易。所以，传统商业建筑都混杂在居民区中间，但是随着交通改善，购物者的活动范围大大增加，因此距离已经不是决定购物者行为的主要因素，而更多地要考虑购物过程所花费的行车时间。

2. 区位易达性原则

它是指商业用地一般应分布于交通便捷、易达性好的位置。易达性取决于交通工具和道路状况。

3. 聚集原则

它是指商业活动具有集聚效应，集中布置能够相互促进，以提高整体吸引力。城市人流、物流和城市社会经济活动的焦点常常成为优先选择的地点。

4. 接近购买力原则

这是指商业用地要接近人口稠密区，又要接近高收入或高消费人口分布区。维持商业设施存在的最低服务人口、数量称为人口门槛。

二、购物中心的商圈分析

为了对购物中心的位置作正确判断，需要对其周围的经济和人口信息等因素进行详细的分析，这主要包括以下几个方面。

（1）购物人口分析：对将要开设购物中心地区的经济潜力和经济状况进行分析，分析这个位置附近是否有值得依托的大量居住人口，包括人口的收入、购买力状况、消费习惯和消费心理等。人口增长变化包括人口自然增长和迁移，这是一个动态过程，所以需要进行动态预测。需要对人口进行收入与购买力的调查，并分析人口组成和消费习惯，值得注意的是，低收入者不一定是低消费者，而有可能是高消费者。

（2）交通易达性分析：交通易达性也就是交通便捷程度，主要取决于购物者从起点到购物地点所花费的时间。据调查，从不同的地方来到购物中心需要花费的时间一般是 12～15min，最多不能超过 25min。特别需要指出的是，空间距离和时间距离是有区别的，易达性分析确定的距离不仅仅是空间距离，因为空间距离和汽车行走需要的时间有区别。为此，有必要对汽车到该地点所花的时间进行测试，这个到达时间在一天之中、一周之中和一年之中的不同时间段都会发生变化。为了有效确定行车时间，可以根据所花费的时间绘制等时间距离图，理想的行车时间应当控制在 10～30min，以此确定该地点的商圈覆盖范围。

此外，附近的竞争设施和居民的接受程度也是衡量一块用地是否值得开发的重要因素。收集的基础资料还应当包括：附近的相关设施是否齐备，是否存在竞争设施，服务商圈内将来可能会出现的竞争设施。多数情况下竞争是不可避免的，而且一定程度的竞争也是允许的，因为单一的商业设施不可能吸收本地区所有的销售额。另外，如果需要在居住区内寻找购物中心的位置，需要考虑居民的心理因素和对购物中心的接受程度，它影响今后的商业发展。

（3）区位分析：不同区位的人口状况和交通易达性也处在不断变化之中。传统的城市中心区是人口集中的场所，道路交通设施优于城市郊区，因此城市中心区提供了相对完善的购物机会。工业革命对人类社会带来了前所未有的影响，随着人口的进一步集中，城市中心区变得过分拥挤，环境恶化，交通堵塞。而与此同时，由于郊区高速公路网的建设，大大提高了郊区的交通易达性，出现了人口居住郊区化的趋势，把大量消费人口从城市中心区带到城市郊区，商业设施在郊区大量兴起，引起了零售额的重新分布，城市中心区和城市郊区展开了竞争，对购物者来说，可以选择去城市市区或郊区购物。可见，城市中心区与城市郊区的商业区位状况发生了明显的变化。

购物中心的选址除了考虑上述商业建筑的区位因素之外，还要考虑自身的特点。购物中心为了满足多种功能需求，要求占地面积很大。购物中心对汽车的依赖性非常强，要求有大面积免费停车场，郊区用地比较宽松，城市市区则缺少这种用地优势，用地获得比较困难，用地比较拥挤。

能力知识点2 购物中心景观规划与设计

就购物中心而言，无论是室外或室内，景观设施都有令人惊喜的效果。好的景观能增进室内外的环境品质，塑造购物者对购物中心的美好印象。服务区域及废弃物集中场所可利用植物、树木所形成的围栏与购物区域加以隔离，道路及地面的停车场同样也可通过植栽等作为软化景观的工具。

1. 环境细节

由于购物中心为整体开发、统一管理的形式，所以购物中心的设计者通常可以做一些以装饰为目的的设计，使该地区的地价得以创造与提高，而能有较强的经济活力及优美的环境。一般而言，可设计配置特殊的景观及铺面，例如在室外餐厅、凉亭、休息区、会议厅、会议室、展览空间、图书馆、育儿室及儿童游乐场等处，可着重对家具及其他细节进行配置，如颜色的运用、雕刻、喷泉及特殊展厅等。由于招牌一方面必须注意与建筑及环境的和谐关系，另一方面又要顾及易于识别的要求，因而也会具有装饰性的风格。

2. 户外休息区及儿童游乐场

对于购物中心而言，户外休息区应为交流、约会的中心区。但在设计时常有两难的局面产生：一方面，如果户外休息区设计得过于舒适，其所需的尺度可能会造成停车者需走很长的距离才能到达Mall；但另一方面，如果不小心处理这一区域，则可能损失一个会引人注意的中心。因此，配置适当的座位是必须的，使户外休息区不致显得过大，尤其是在购物中心的中庭及儿童游乐场附近。Mall或走廊上的餐厅及咖啡座等有桌子的座位，给购物者提供了另一种座位的选择。

显眼的儿童游乐区也是很重要的，因为它不仅在父母亲购物时提供儿童一个可被照顾的场所，同时也成为一个地标，这个地标可塑造出购物中心的特色。在儿童游乐区内可以考虑放置一些电动游戏设施，它们对于购物中心而言也是一种财源。其他游戏设施则可做成动物的形态，能让儿童穿进穿出、爬上爬下。另外，立体的预制玩具也是儿童所喜爱的。

3. 地景设置

（1）入口大厅：入口大厅为进入购物中心后的第一处场所，为室内与室外的转换空间。对于购物者而言，这是建立购物中心理想的首站，因而设计的重点应在于利用组合植栽、座椅、水池、铺面、指示等地景设施，塑造欢迎、愉悦的气氛，以提升购物意念。同时也以空间设计及地景设施配置的方式，塑造出清楚的购物路线指示，使购物者进入购物中心后能清楚地了解自身所在及欲往的方向，去除可能迷路的恐惧感。

（2）中庭：中庭为购物中心的焦点，就机能而言，它除具有视线引导、休息、展示、表演等实质上的功能外，同时也是一个重要的空间指示。购物者在范围广阔，尤其是多核心或多端点的 Mall 内选逛时，常会丧失方向感，因而有别于商店等营业空间，如中庭、入口大厅、挑空等场所经常具有空间指向性。故中庭的地景设计除利用植栽、座椅、水池、铺面、指示等地景设施塑造轻松、休闲的气氛以舒缓购物者的身心外，中庭也应能具有强烈且有别于营业空间的空间特色，以吸引购物者注意，也借此使购物者了解本身在空间中的位置。若购物中心内有一个以上的中庭，则除了在建筑设计上尽量使各中庭的形状、高度有所差异外，地景设施也应配合设计，使各个中庭能各有不同的特色或主题，以便购物者辨识，借以作为空间指示，而可在空间中寻求定位。

对于购物中心的开发者而言，入口大厅及中庭是塑造企业形象的最佳场所，因为虽然购物中心的开发者可要求各承租户在单元商店的店面装潢、招牌样式上需有一定程度上的统一，并列上购物中心的标志，但由于各承租户的营业项目不同，店面装修及家具配置皆有不同的需求，且皆需打上本身的招牌，所以对于购物者而言，购物中心开发者在营业空间所做的措施可能都只是背景似的模糊景象，感受并不强烈。因而唯有借着公共空间的空间塑造，才能有效而强烈地塑造购物中心整体的企业形象，如入口大厅、中庭、停车场、洗手间等公共空间皆是可以塑造的场所。

这些公共空间不属于任一承租户，因而可依购物中心开发者的需求作完整而不受干扰的规划。其中尤以中庭为最佳场所。

中庭之所以是塑造企业形象的最佳场所，主要是因为它通常是购物路线的交汇点，同时也经常是购物路线的中点，因而它多塑造成一个可停留休息的场所，供购物者休息及相约等候。这种停留性的特质有别于入口大厅及停车场的通过性特质，它会使购物者在该处停留休息，并有时间及心情浏览周围的环境。因而在深具特色的中庭建立清晰的企业形象，对于购物者而言是最易接受其信息的。

在实质环境的设计上，由于中庭相对于购物中心内其他空间具有高大空间的特性，故在地景设计上应可适应此特性而作强调立体的规划，如采用较大尺度的植栽、高度较高的水景等。而且可利用地景设施配置一视觉主题，引导购物者的视线，建立购物中心的印象。

（3）楼面装饰：购物中心若具有多层楼面，则面对中庭、挑空的楼面部分，也应视所需予以楼面装饰。对于上层各楼层而言，面对中庭或挑空的部分也许只是一片墙或扶手栏杆，但对位于中庭内的人，各层楼面便是空间界定的界限，是中庭空间的背景，因而面对中庭的楼面也是一组需要精心设计的立面，它应与中庭的地景设计相配合，共同塑造具有整体性的空间景观。水景、灯光、植栽、巨型画幅等都是可以应用的素材。

4. 铺面材料

在设计购物中心时，铺面的问题不能单独被提出来讨论，它必须考虑整个基地的纹理、模式、尺度、颜色等才能决定。其他影响铺面选择的因素包括以下几个方面。

（1）花费及效益：牵涉到保养维护、耐久性、是否易碎、瑕疵等。

（2）外观：牵涉其纹理、颜色等。

（3）工程特性：如安全性、吸音性、光线反射性等。

想一想

是不是购物中心装修越好，越能吸引消费者？

能力知识点3 购物中心的经营管理

当代商业社会购物中心的模式各式各样，导致其运营管理方式花样繁多、异常复杂，我们应该科学地去分析，使管理条理化、规范化。

购物中心的经营核心内容须是卖场，购物功能所占的比例一般情况下不能低于50%，要以购物为主；而不能以餐饮或娱乐为主，如果餐饮或娱乐占多数，那就是饮食中心或娱乐中心，不是购物中心了。所以，购物中心应当是一种零售业态。购物中心还要是一个无差别的消费中心，能够适合绝大多数的消费群体，如果全部都是面向高端的或者低端的消费人群的，不可能吸引所有的消费者，因此应以中档占多数，而且要有停车场。要采取“只租不售”的运营管理方式，这也是国际上购物中心的经营惯例。我国内地的很多购物中心在管理运营上采取的分割商铺出售的方式，这种运营方式只能导致购物中心变成小商品市场。只租不售才能实现购物中心良好的整体管理和整体营销。

我国香港的太古城就是这样一个成功的购物中心，它拥有一批专门做商场的地产人员。首先他们的商铺坚决不卖，长期持有，以长线投资为主；此外他们有强有力的规划和招租队伍。

另外，在后期发展商还必须成立专门的商业管理公司对购物中心进行管理。对于购物中心发展商来说，开发商铺是前提，但只有开发是不够的，只有成立专门的商业管理公司对购物中心进行管理，才能长久发展。目前国内商铺购买者有很多是依靠收取租金，归还银行商铺按揭贷款的情况，在这种情况下，发展商对购物中心的管理更为重要。如果购物中心商业管理不力，影响商铺业主的租金收益，业主不能归还按揭贷款，最终风险还是要落到发展商的头上。综观国外购物中心，发展商成立商业管理公司管理购物中心是一种通用的模式。

一般来说，购物中心的管理运营应采取以下方式：

采用“统一管理，分散经营”的管理模式。“统一管理”要求购物中心必须由代表业主权利的、受业主委托的管理公司统一管理，没有统一管理的购物中心则难以经受激烈的零售业市场竞争；“分散经营”是购物中心对消费者和经营者间的交易提供场所，但购物中心的管理者一般不直接进行商业经营，只是在消费者和经营者之间搭建桥梁。

遵循“统一管理，分散经营”的管理模式，购物中心在运营上要采取四统一：统一招商管理、统一营销、统一服务监督、统一物业管理。

“统一招商管理”要求招商的品牌审核管理和完善的租约管理。

（1）品牌审核管理：招商对象需经品牌审核后才能进入。审核包括对厂商和产品的审核，须具有有效的营业执照、生产许可证、注册商标登记证、产品合格委托书（适用于批发代理商）、品牌代理委托书（适用于专卖代理商）、税务登记证、法人授权委托书等。

（2）完善的租约管理：包括约定租金、租期、支付方式、物业管理费的收取等，还有其他比较关键的租约条款管理。

1）承租户的经营业态受到整个购物中心的统一商业规划的限制，如果发生重大变化，须经业主委员会的认可（业主委员会成立之前，经发展商认可）。

2）营业时间的确定。

3）承租户的店名广告、促销广告的尺寸大小、悬挂位置、语言文字方面须接受统一管理。

4）为整个购物中心促销承担的义务。

5）承租人对停车场的使用，确定有偿还是无偿，有无限制。

6）投保范围事宜。

7）是否统一收银。

“统一营销管理”有助于维护和提高经营者的共同利益。由于目前购物中心竞争激烈，打折降价的促销竞争手段比较流行，以吸引购物者光顾。管理公司应该为购物中心策划全年每一天的营销计划，所谓“大节大过、小节小过、无节造节过”，组织策划相关的促销活动，所发生的费用应预先与业主沟通预算，经业主同意后，对实际发生的费用按照承租户销售额的一定比例进行分摊。如果购物中心统一收银管理，就能较好地执行按销售额分摊费用。

“统一服务监督”有助于经营者间的协调和合作。购物中心须设立由发展商领导、商业专家组成的管理委员会，指导、协调、服务、监督承租户的经营活动，保证购物中心的高效运转。常见的方式有：

（1）指导项目：培训售货员、卖场布置指导、促销活动安排。

（2）协调项目：协调经营者之间的紧张关系，增进经营者之间合作。

（3）服务项目：行政事务管理。

（4）监督项目：维护购物中心的纪律、信誉，协助工商、税务、卫生、消防等部门的管理。

“统一物业管理”有助于建筑空间的维护和保养。购物中心的物业管理内容包括：养护建筑、维护设备、保证水电气热正常供应、公用面积的保洁、保安防盗、车辆管理、绿化养护、意外事故处理等。

统一运营管理是核心。否则，购物中心就会从“经营管理”蜕变成“物业管理”，直至最终完全丧失自己的核心竞争力。

举一反三

一、理论部分

（一）填空题

1．购物中心的选址原则包括：__________、__________、__________、__________。

2．交通易达性原则是指____。

（二）简答题

1．简述购物中心进骨干规划与设计。

2．购物中心选址应遵循什么原则？

（三）案例分析

东南亚购物中心

我国购物中心协会于1996年、1999年、2003年组织东南亚购物中心专业考察团，先后数次访问了几个相当具有代表性的国家，如菲律宾、马来西亚、泰国与新加坡等。这些国家值得借鉴之处是，它们分别反映了购物中心开发的不同阶段：扎根（菲律宾）、成长（马来西亚）、成熟（新加坡）、再发展（泰国）。购物中心在这几个国家演变的过程、转型的背景、成功与失败的因素及未来的展望，皆为我国业者提供了弥足珍贵的思考方向。

购物中心的开发与永续经营，是一个非常专业而深奥的议题。当业者在决定投资购物中心之前，最重要的是一定要建立缜密的思维架构，洞察并掌握购物中心的历史、现况与将来的发展趋势。购物中心在东南亚国家发展的历史虽然不长，但是在最近10年，却以相当蓬勃的生命力在逐渐茁壮成长。它们在每一个国家，皆不约而同地走上了相类似的成长轨迹。1999年亚洲金融风暴时期，泰国、印度尼西亚、马来西亚、菲律宾购物中心及零售业都遭逢重大冲击，许多购物中心首当其冲；还有2003年袭卷全球的SARS也带来许多重大影响，凭借这些购物中心发展史上重要时期的经验，可以使我国业者掌握正确的方向并避免错误。

以东南亚这四个国家而言，它们相似的成长轨迹，有下列四个主要现象。

1．设置地点：市区或郊区

当一个国家开始发展购物中心时，多数集中在人口众多的首善之区，如菲律宾的马尼拉、马来西亚的吉隆坡、新加坡的乌节路、泰国的曼谷等。经过一段时间后，便逐渐向郊区或其他城市发展。其中最主要的原因是精华地区土地取得不易，人口城市结构的改变等；而大众交通、公路兴建与捷运系统延伸等因素，对于购物中心的设置地点也造成了相当的影响。因此在选择购物中心的地点时，大多会聘请专业市场顾问公司对相关因素及未来发展作一深入的调查与评估；然后再慎重地决定开发的地点。

2．商场处理方式：卖断或租赁

在亚洲，许多业主常用房地产的心态来开发购物中心，即以卖断的方式来处理。然而这种方式却造成了购物中心生存的最大致命伤。因为购物中心一旦被卖断，则业主失去了控制权，因此也无法掌握进驻店家的性质，业种组合会一片混乱；消费者很快就会对这个购物中心失去兴趣。

而就购物中心长期发展而言，当商店出现新的类型及走势时，业主无法实时提供其所需的面积、位置或可互相搭配的店面时，是很难吸引到这些精彩的商店进驻的。这种现象常见于新加坡、马来西亚及泰国早期的购物中心。这些实例使业者了解掌握经营管理权的重要性：在专业、系统的管理下，不但能吸引优质的零售店进驻，更能针对市场的需求而作出机动性的调整。

3．业种组合：空间内容或专业规划

亚洲的购物中心开发商过去常由建筑师来规划商场，很少请专业顾问公司作一整体的规划。许多业主认为美观的外形即能吸引到客群；但事实上，购物中心的内容扎实与否，才是顾客重复前来的主要原因；而专业的规划则能依据市场的需求及趋势建构出优良的业种组合，这才是购物中心成功与否最主要的关键。

新加坡市郊 Tampines Mall 即是一个下过工夫规划的案例，它没有华丽奇特的外观，因为它非常清楚地定位在小区型购物中心的基础上，它在业种组合与互相搭配上的关系处理得很好，因此自开业以来生意兴隆。目前在马来西亚及新加坡的开发商已明白规划专家的重要性。而这些新形态的购物中心也已一步步地取代早期的购物中心的地位。

4．供应与需求的课题

亚洲许多大城市如曼谷、吉隆坡、新加坡、雅加达，甚至上海、北京在最近几年来掀起了一股兴建大型购物中心的热潮，以每年增加数百万平方公顷购物中心的速度来抢食这块零售市场的大饼。而许多专家对这种一窝蜂的现象感到忧心忡忡，因为购物中心过剩很可能造成零售业者获利降低，甚至导致巨额亏损。这种现象很可能带动亚洲国家下一波的零售革命（与美国 20 世纪 80 年代末期、90 年代早期的市场类似）：业绩不好的购物中心倒闭，而其他的业者也重组或合并。之后仍能够屹立不倒的购物中心，必定是经过精心规划，掌握优秀的零售商店组合，随时应市场需求弹性调整的，并拥有专业经营管理专家辅佐的业者。

（资料来源：莱德国际）

请问：东南亚购物中心的经验对我国的购物中心建设有何借鉴意义？

二、实践部分

依实际情况，参观若干家购物中心，对比它们的景观规划与设计，分析其优势与劣势，以书面的材料呈现出来。

学习评价

被考评人					
考评地点					
考评内容	购物中心的选址分析，购物中心景观规划与设计				
考评标准	内　　容	分值/分	自我评价/分	小组评议/分	实际得分/分
	购物中心的选址分析	40			
	购物中心景观规划与设计	60			
合　　计		100			

注：1．实际得分=自我评价 40%+小组评议 60%。

2．考评满分为 100 分，60～74 分为及格；75～84 分为良好；85 分以上为优秀（包括 85 分）。

第八单元 网 络 商 店

本单元学习导引图

网络商店
- **网络商店概述**
  - 网络商店的定义
  - 网络商店的特点
  - 网络商店的类型
- **网络商店的开设**
  - 网络商店的具体开设
  - 网络商店的市场调研
  - 网络营销的十大策略

学习目标

通过本单元的学习，您将了解到网络商店的基本概念、特点及其开设流程，了解到网络商店的市场调研及网络营销的十大策略。

综合知识模块一

网络商店概述

网络信息技术正在影响社会经济的活动方式和人们的生活节奏。网络商务大量应用现代化的信息手段，以国际互联网为基础，实现了商业活动的信息化革命，受到各国政府和企业的足够重视。西方发达国家从互联网商务中尝到了甜头，视之为企业竞争优势的重要组成部分和未来利润增长的“第四极”。

随着网络商务（电子商务）魅力的日渐显露，虚拟企业、虚拟银行、网络营销、网上购物、网上支付、网络广告等一大批前所未闻的新词汇正在为人们所熟悉和认同，这些词汇同时也从另一个侧面反映了与计算机网络相关的经济活动正在对社会和国民经济产生的影响。

近 20 多年来，网络商务的发展非常迅速，尤其是进入 20 世纪 90 年代以后，随着国际互联网和网络商务配套技术的成熟，它更是以惊人的速度得以发展。

网络商务加快了社会流通，降低流通费用。基于国际互联网的网络商务的优势在于通过计算机网络使信息低成本传播。商品选取、购买都可以在网上实现，电子化的支付也是实时的。由于可以得到商品销售的实时资料，商家只需要保持较少量的存货就可以满足需求，减少了存货中积压的资金。例如在美国，实体书店必须持有 160 天的库存量才能供人选购，使用电子商务的 Amazon 网站只需要保持 15 天的库存量，而 Amazon 网站的人均销售额在美国所有书店里是最高的。同时，商业机构无需设立零售商店，不需要承担店铺的租金费用，也不需要承担店铺零售人员的雇用费用，从而降低了商业流通成本。

我们这一单元所介绍的就是当今出现一种新的零售业态—— 网络商店，它是网络商务极其重要的组成部分。

能力知识点 1　网络商店的定义

网络商店，从字面意义上看，是互联网世界里的一种商业业态模式。个人或企业通过建立自有网站（即网络交易平台）或者借助于第三方提供的网络交易平台网上展示产品，并通过电子支付系统完成物权的转移，借助于现代物流系统把商品或服务送达到消费者处的商业模式。

网络商店不同于传统意义上的零售业态，其经营主体是虚拟的，产品和服务是虚拟的，产品和服务能不能有效地到达购买者手中也是未知的，它是一种基于信用基础上的商品交易。

能力知识点 2　网络商店的特点

网络商店作为一种零售业态，它的本质内容和传统商业别无异样，即以获取利益为核心为目的，但又有自身独有的特点。

1. 经营场所的独特性

网络商店是以计算机网络和服务器设备为基础的，在虚拟的“塞伯”空间（即网络世界）里完成交易流程，不像我们看到的实体店面商品交易。

2. 客户群的独特性

网络商店的客户是有范围限制的，即有条件上网的人。他们一般是有一定学历和愿意接受这种交易方式的。

3. 经营方式的独特性

网络商店以网页、数据库作为货架、卖场，消费者只能浏览观看，而不能实实在在地去感觉商品，包括质地、手感等。

4. 经营地域和营业时间的优越性

网络商店通过网络设备，把商流、信息流、资金流、物流整合为一个系统。购买者通过一台网络终端设备（比如计算机、PDA 等），足不出户，轻松购物，且无地域和时间限制。

5. 价格优势

网络商店不需要房租、商品库存仓库、甚至大量的营业员和推（促）销员，省去了较大的一部分成本，较之于传统商店里的同类产品，在销售价格上具有绝对的优势。

能力知识点3 网络商店的类型

当今世界，在计算机网络里存在着成千上万的网络商店，有的大同小异，有的千差万别，怎么才能选择适合自己的网络商店类型并使之盈利呢？我们首先应该了解它的主要类型。

（1）利润几乎为零的网络商店：这些网络商店只提供基本的产品信息，附上简单的图片，往往只有几张网页，信息平时很少更新。网站的投资成本和维护费用刚好由收入作支持。除了要寻找特设的产品，一般来说，购买者不会二次访问此类网络商店。

（2）企业形象网店：企业形象网店提供企业、产品及各种广告信息。一般来说，这类网店都是图文并茂的，网店的布局也很有创意，能吸引大量的网民。它的内容更新频率也很快。但这种网店的维护成本和前期投资较多。

（3）营销网店：这种网店向消费者提供了企业的整套营销信息。它通过清晰的布局便于用户搜索所需要的产品信息。消费者可以购买产品，同时网店也为其提供了电子交易平台。

（4）购物型网店：这种网店用先进的技术向消费者提供品种齐全的商品信息。它有大型完善的产品数据库，传统的业务流程和网上销售并举。网店里的内容更新频率较高。其投资费用很高，但高的投资也带来高的利润。

（5）购物世界型网店：这类网店很注重购物环境，关注消费者的购物心理，它能让消费者体会到新的购物感觉，他们努力提高消费者的忠诚度，并满足消费者的个性化需求。它还是目标市场的领导者，是一对一的营销。它不断创造新的市场机会，系统地收集消费者的购物信息，分析消费者的购物规律和习惯，运用这些有效信息，为消费者提供特定产品和服务。它有着大量的在线广告，还建立了与其他供应商和业务伙伴的链接，把营销和信息技术完美地结合在一起。网站发展的核心是与消费者的互动关系和个性化的产品。网站是实时更新的，所需投资费用也是惊人的。

举一反三

一、理论部分

（一）填空题

1．网络商店是指______________________________。

2．网络商店特征包括__________、__________、__________、__________、__________。

（二）简答题

1．简述网络商店的类型。

2．简述购物世界型网店。

（三）案例分析

京东商城

京东商城是中国B2C市场最大的3C网购专业平台之一，也是中国电子商务领域最受消费者欢迎和最具有影响力的电子商务网站之一，在线销售家电、数码通信、计算机、家居百货、服装服饰、母婴、图书、食品等11大类数万个品牌百万种优质商品，日订单处理量超过30万单。

国际化带来竞争全球化，中国电子商务领域风云变幻，京东商城作为首当其冲的旗帜性企业，不可避免地迎来更为激烈甚至白热化的商业竞争。面对愈发激烈的市场竞争，京东商城时刻告诫自己：我们不仅要协同战略合作伙伴加强密切合作关系，更要与对手在充分竞争的基础上展开合作。京东商城理解的合作是共赢发展的合作、联合互补的合作，由合作带来的“竞合共赢”是京东商城谋求发展的永恒理念。

诚信京东在发展上秉承先人后企、以人为本的理念，在诚信的基础上建立与用户、供应商、投资方等多方合作者之间最为融洽的合作关系。“诚”代表了京东商城在合作关系中所坚持的诚意态度，而“信”则代表了京东商城以“信用”为根本的发展信条。可以说，“诚信”既是京东商城的行为准则，同时也是京东商城的道德规范。

如果将京东商城比喻为一个高速运转的机器，那么，用户、员工、投资方、供应商等多方合作者则是这一机器上不可或缺的组成部分，只有多方合作者亲密无间的合作才能让这一庞大的机器正常运转。因此，京东在做生意的过程中，力争与每一个客户或合作伙伴多一些情感交流，慢慢地将生意圈转化为朋友圈，而不是纯粹的生意往来。做生意就是做人，而且要先做好人！

请问：京东商城的经营理念是什么？它经营的项目有哪些？

二、实践部分

1．训练目标：模拟开设一家网店。

2．训练准备：

（1）准备好一台计算机和网络商店的开设步骤资料。

（2）完成周期：两个星期。

3．训练地点：由任课老师指定。

学习评价

被考评人					
考评地点					
考评内容	网络商店的定义，网络商店的主要特征				
考评标准	内　　容	分值/分	自我评价/分	小组评议/分	实际得分/分
	网络商店的定义	40			
	网络商店的主要特征	60			
合　　计		100			

注：1．实际得分=自我评价40%+小组评议60%。

2．考评满分为100分，60～74分为及格；75～84分为良好；85分以上为优秀（包括85分）。

综合知识模块二

网络商店的开设

能力知识点1 网络商店的具体开设

随着网民人数的壮大，网上购物已成为日常生活的一项内容。在网上开店对个人而言利润是很丰厚的；对企业来说优势更明显，有着巨大的经济潜力可挖。同时，网上开店还能给你带来创业、与人交流的乐趣，经营得好还可以作为事业类经营，会给你带来不小的财富。

一、网络商店的开设步骤

1. 选定自己的经营方向——到底卖什么

决定在网上卖什么时，有以下几条准则可以参考：

1）主流网民一般不会超过35岁，大多数受过良好的教育，对新事物接受能力强同时具有一定的消费能力。他们一般偏好高质量和名牌的商品，喜欢追求时尚。所以，所选商品最好能迎合这批人的心理，种类和样式要新颖，能突出个性。

2）选择适合在网上销售的产品。比如计算机软硬件、书籍、音像制品及纪念品、收藏品等。这些产品体积小，便于运输，不专门占用仓库，而且像书籍和音像制品这类商品已经标准化，除去价格不同没有其他差异，网上购买风险小。

3）卖别人找不到的特色产品。这就需要店主有独到的眼光和丰富的信息以及顺畅的进货渠道。平时可以多到文物市场、手工艺品市场甚至跳蚤市场转转，一定能有所收获。

4）具有地方特色、民族特色或者艺术特色的商品。“民族的才是世界的”，世界的差异化造成了交流的需求。把一个地区或者一个国家的土特产品拿到另一个地区或另一个国家去卖个高价钱，在现实社会是相当普遍的，对于网上开店而言，则更能发挥互联网跨越时空限制的优势。

2. 选店址——注册域名，租用网络空间

有了经营方向，接下来就要为自己的商店起个好名字，选择一个好的店址了。网上开店有两种模式：一是自立门户，即建立一个自己的商品销售网站，这种模式需要一定的前期投入，而且要求店主懂得一定的网络技术，经营过程中的宣传推广成本也较高；二是入驻大型网上商城，如淘宝、易趣、易购等。这一模式的优势是依托大型网上商城，人气很旺，前期投入也不是很大。入住大型网上商城是一种适合个人或小规模经营团体采用的方式。

3. 货品上架——网站内容填充

装修店面之时，也应该同步解决货源问题。当然，网络商店的货品可以先是虚拟的，待有了真正的客户以后，能够及时供货即可，而不必像传统经营一样需要先投入资金进行仓储。另外，在传统店面经营中，货品上架是一个不太起眼的环节，但网络商店的商品陈列却是至关重要的。有许多商店的页面上，商品杂乱无章地摆放，彻底“释放”了消费者的眼球。好的货品摆放应该条理清晰，让消费者看上去赏心悦目。最好能给出商品的清晰图片，并详细、专业地解释商品的基本功能和特点，让人充分了解商品。

4. 开张纳客，诚信为本

要及时、坦诚地回答留言，解除买家的疑虑，并增加买家的信任感。网络商店由于成本低，不用办理繁琐的手续，东西一般都较实惠。一些店家还用“打折”、“送礼”、“抽奖”等方式让利。网上做生意，必须重视信用，只有具备良好的信誉，才能赢得更多的稳定客户。有的店家还用推出星级客户、交流生活经验、发表生活随想等方式把自己的小店变成了一个小社区，把客户变成了自己的朋友。

二、网络商店的开设技巧

仅仅拥有自己的店面是远远不够的，俗话说：创业难，守业更难。如果经营不善，照样会让你徒劳无功，最终关门大吉。在经营你的商店时，不妨尝试运用下面的技巧，一定会带来长久的盈利。

1. 让商品“各得其所”，在上架之前就要仔细考虑好商品的分类

选择一个符合大众化习惯的分类有利于消费者快速地从页面导购中找到你的商品，这也是电子商务的主要诀窍之一。这有两个要诀：

1）对商品的特点、属性要有所了解，选择之前要先完整看看网上商城给你开放的所有分类，再仔细斟酌哪个最合适。尽可能把商品归到销售比较火的门类。

2）如果商品有多种属性，比如，瑞士军刀既可属于工具，又可以属于收藏品、装饰品，还可以当做礼品。像这样的商品可以在加入一个主分类（必选）以后，再添加一到两个从属分类。这样，客户找到你这个宝贝的可能性就会大大增加了。

2. 商品起名要规范

商品名称应尽可能以简洁的语言概括出商品的特质，力求规范，让人一看就能大致了解商品的基本信息，而且便于从搜索引擎中找到。由于个人喜好和习惯的不同，同一件商品，不同人有不同的起名方式，为避免混乱，商业网站一般都有比较规范的起名方式推荐给经营者，如采用“品牌+商品名+规格+说明”的方式。例如，400mL 的沙宣均衡水润发精华露，促销期还赠玉兰油多效呵护香皂，它的商品名称至少应该是：沙宣（品牌）+均衡水润发精华露（商品名）+400mL（规格）+赠玉兰油多效呵护香皂（说明），即沙宣均衡水润发精华露 400mL（赠玉兰油多效呵护香皂）。在商品名称中应避免出现各种各样所谓“个性化”的符号。那样会给人感觉店主不够专业，没有层次，大大降低了信任度，而且某些符号可能导致商品名不能正常显示。

3. 好东西要放门口

怎么才能让消费者在打开你的商店页面的第一眼就看到使他怦然心动的东西呢？这就

需要做好商品推荐，店铺页面推荐是根据时间排序，推荐时间越晚，显示的位置就越靠上，越容易引起消费者的注意。如果您什么也没推荐，就默认为显示所有商品，自动分页。花点心思，仔细盘点一下自己店里的商品，让最好卖、最招人注意的东西出现在最上面。

4. 让图片在瞬间捕获对方的心

商品图片是店铺给消费者的第一印象。一幅模糊不清或者花里胡哨的商品图给人的感觉非常不好，就像一张不干净的脸，不能引起买家的注意和兴趣。图片可以扫描产品手册，但最好找专业摄影师拍照，事后用图片处理软件修改一下能够达到不错的效果。如果想自力更生，可以花几个周末的时间学习学习 Photoshop 之类的“化妆工具”，让图片出门前多少来点合适的美化就更好了。

5. 及时供货

商品被人订购总是一件让人高兴的事，买家从浩如烟海的产品里选择了你的产品，应该最快速有效地处理订单，并提供良好的客户服务。不仅如此，客户很有可能为您带来意想不到的收获。口碑的宣传效果不可小视，它无需你大费口舌去取信于人，也不用大把花钱去做广告推荐，一次用心的付出可以换来长期的回报。当然，如果有客户投诉，那么你不仅损失了生意，还会使你的信用等级降低，等于是自断财路。

6. 增加消费者忠诚度，构筑长期客户关系

对于曾经购买过你商品的消费者，最好能定期进行回访，比如在发货后不久就询问消费者是否收到，在一个月后询问消费者是否满意，在两个月后询问是否有建议，或者有没有其他需要的商品。让消费者感受到重视和尊重，同时还可以培养他们的消费习惯。一旦习惯了在你的网店买东西，一个义务的宣传员就有了。重要的是这样的成本非常非常低，回访的形式可以是几毛钱的电话、一毛钱的短信、不花钱的电子邮件，何乐不为。

7. 诚实守信，做个老实人

网店交易大都是款到发货，所以诚信是网店的立足之本。所有期望提高成交率、长期经营的店主都必须尽可能为自己挣下最佳诚信级别标签。这对于那些销售单位价值高的商品（如手机、数码产品）的网店来说，尤其重要。在组织货源、发货时都要多加注意，杜绝假冒伪劣、残次品流向消费者，唯有如此才能建立网络商店的良好声誉，这是真正的长久之计。

能力知识点 2　网络商店的市场调研

新一代信息传播媒介——国际互联网的出现，在世纪之交即扣响了信息时代的大门。它以光电的速度、多媒体的内容、双向快速的信息交流形式和全球一体化的架构，使信息传播走得更远、更广，并将成为 21 世纪信息传播媒体的主流。适应信息传播媒体的变革，一种崭新的调查方式——网上调研随之产生。

一、网上调研的常用方法

1. 利用自己的网站或网页

自己的网站可以说是最好的网上调研工具，如果企业网站已经拥有固定的访问者，完全可以利用自己的网站开展网上调研。例如，戴尔公司可以在自己的网站上进行市场调研；微软公司希望获得用户使用投诉调查，也可以利用自己的网站。

2. 借用别人的网站

如果企业或个人自己的网站还没有建好，可以利用别人的网站进行调研。这里包括访问者众多的网络媒体提供商（ICP）或直接查询你所需要的信息。例如，惠普公司经常在一些 ICP 的站点上进行新产品调查；海尔公司可以在人民日报网站进行调查（已经购买了广告位）。

3. E-mail 问卷调查

调研问卷就是一份简单的 E-mail，并按照已知的 E-mail 地址发出。被访者回答完毕将问卷回复给调研机构，由专门的程序进行问卷准备、列制 E-mail 地址和收集数据。E-mail 问卷制作方便，分发迅速。由于出现在被访者的私人信箱中，因此能够得到注意。

4. 交互式计算机辅助电话访谈（CATI）系统

交互式计算机辅助电话访谈（CATI）是中心控制电话访谈的“计算机化”形式，目前在美国十分流行。当利用这种方式进行调研时，每一位访问员都坐在一台计算机终端前，当被访者电话被接通后，访问员通过一个或几个键启动机器开始提问，问题和多选题的答案便立刻出现在屏幕上。访问员说出问题并键入回答者相应的答案，计算机会自动显示下一道合适的问题。例如：当访问员问到被访者是否有家庭影院时，如果回答“有”，接下去会显示一系列有关选择“家庭影院设备”的问题；如果回答“没有”，那么这些问题就不恰当了，计算机会自动显示与被访者个人有关的问题或是直接跳过去选择其他合适的问题。

另外，计算机还能整理问卷。例如，在一个长时间访谈的开始，访问员可能会问到被访者所拥有的所有汽车的制造时间、型号和款式。接下来的问题可能与每种汽车有关。屏幕上会显示如下问题：“您说过您有一辆 2007 年的福特车，在您家里谁最常开这辆车？”有关其他车辆的问题会以类似的方式继续显示。以前，这类问题是通过一支铅笔和一张问卷来完成的。而现在，通过计算机就可以极其方便地解决了。

二、进行网上调研应注意的问题

1. 制订详细的调研提纲与调研计划

根据调研重点，有针对性地制订调研计划和调研提纲，确定调研的策略、调研的对象、调研的核心问题等。提纲和计划的制订直接影响调研的结果。如果策略不当，则会引起被调研者的怀疑和不信任，很难获得真实的资料；如果选择的调研对象不恰当，则可能获得片面和表面的信息；如果调研的核心问题设置不当，则可能没有重点，调研工作难以获得实质性的成果。

2. 分析竞争对手

网上的竞争对手与现实中的竞争对手是一致的，网络只是市场竞争的一个新的战场，因此要利用各种方式搜集竞争对手的信息，比如利用导航台、锁定具体区域、设定与自己产品相同或相似的关键词来寻找竞争对手。要经常访问竞争对手的网页或网站，注意竞争对手的网站有哪些特色值得借鉴，有哪些疏漏或错误需要避免，竞争对手是否做过类似的市场调研。

3. 确定目标市场

目标市场就是企业商品和服务的对象，一个企业或者网络商店只有选择好了自己的目标对象，才能将自己的特长充分发挥出来，只有确定了自己的服务对象，才能有的放矢地制定经营策略。设想您就是消费者，从消费者的角度来了解客户需求。您的调研对象可能是产品直接的购买者、提议者、使用者，对他们进行具体的角色分析。例如某种时尚品牌休闲男装，其目标对象应当是年轻男性，但实际的客户市场不仅仅是这部分人群，而是包括他们的母亲、妻子、女友等女性角色。这就要求调研时，将调研市场对象进行角色细分，充分了解市场需求，使调研结果更有针对性、准确性。

网络商店应从以下五个方面进行定位，这样才能突出重围。

1）消费者定位——卖给谁，卖给网民以及网民周围的人。

2）商品定位——卖什么，卖标准化的大件必需品和情感消费品。

3）服务定位——怎么卖，适时服务和品位服务。

4）价格定位——赚多少，物有所值，物超所值，毛利率要高于超市且低于百货店。

5）商域定位——卖哪里，物流配送能力所能达到的地方。

4. 适当样品、奖品激励

互联网毕竟是虚拟世界，如果能够提供更多人性化的东西，如果在网上调查过程中加入适当的奖品激励，那么会获得更多的参与者协助网络调研工作。如家乐福超市在网上作调查时，都有奖品激励参与者。某娱乐杂志在做调查时提供样刊赠阅，也获得了积极的反馈。

三、网络市场调研的策略

网络市场调研的目的是收集网上购物者和潜在购物者的信息。充分利用网络调研的优势，加强与消费者的沟通、理解并建立友谊，改善营销并更好地服务于消费者。而要达到这一目的的前提是让更多的消费者访问企业的站点，这样市场营销调研人员才可以有针对性地制作网上调研表单，消费者才可以发回反馈并参与交互调查和竞赛或者征询信息，市场营销调研人员才能掌握更多、更翔实的市场信息。

为使更多的消费者访问企业站点并乐于接受企业的调研询问，善意而又真实地发回反馈信息，市场调研人员必须研究调研的策略，以充分发挥网络调研的优越性，提高网络调研的质量。网络市场调研的策略主要包括收集访问者信息并吸引访问者以及如何有效地在企业站点上进行市场调研。

1. 收集访问者信息

电子邮件和来客登记簿是互联网上企业与消费者交流的重要工具与手段。电子邮件可以附有 HTML 表单，访问者可在表单界面上点击相关主题并且填写附有收件人电子邮件地址的有关信息，然后发回给企业。来客登记簿乃是让访问者填写并发回给企业的表单。

通过电子邮件和来客登记簿，不仅所有消费者均可以读到并了解企业的情况，而且市场营销调研人员也可获得相关的市场信息。比如，在确定访问者的邮编后，就可以知道访问者所在的国家、地区、省市等地域分布范围；对访问者回复的信息进行分类统计，就可以进一步对市场进行细分，而市场细分是企业制定营销策略的重要依据之一。

2. 设计优秀的调研问卷

一个成功的调查问卷应具备两种功能：一是能将所调查的问题明确地传达给访问者；二是设法取得对方的合作，使访问者能给以真实、准确的回复。但在实际的调研中，由于被调查者的情况差异很大，还有调研人员的专业知识和技术水平不同会影响调研的结果。因此，调查问卷的设计应遵循一定的原则：

（1）合理性：合理性指的是问卷必须与调查主题紧密相关。违背这一点，再漂亮或精美的问卷都是无益的。所谓问卷体现调查主题，其实质是在问卷设计之初要找出与“调查主题相关的要素”。

（2）一般性：问题的设置是否具有普遍意义。应该说，这是问卷设计的一个基本要求，但仍然能够在问卷中发现这类带有一定常识性的错误。这一错误不仅不利于调查成果的整理分析，而且会使调查委托方轻视调查者的水平。

（3）逻辑性：问卷的设计要有整体感，这种整体感即是问题与问题之间要具有逻辑性，独立的问题本身也不能出现逻辑上的谬误，从而使问卷成为一个相对完善的小系统。

（4）明确性：所谓明确性，事实上是问题设置的规范性。这一原则具体是指：命题是否准确；提问是否清晰、明确，便于回答；被访问者是否能够对问题作出明确的回答，等等。

（5）便于整理、分析：成功的问卷设计除了考虑到紧密结合调查主题与方便信息收集外，还要考虑到调查结果的容易得出和调查结果的说服力。这就需要考虑到问卷在调查后的整理与分析工作。

首先，这要求调查指标是能够累加和便于累加的；其次，指标的累计与相对数的计算是有意义的；再次，能够通过数据清楚明了地说明所要调查的问题。只有这样，调查工作才能收到预期的效果。

3. 激励访问者

一般的网络访问者可能担心个人隐私被侵犯而会发回不准确的信息，为此企业可根据实际情况，给访问者一定的奖品或给访问者购买商品一定的折扣优惠，企业就可获得比较真实的访问者姓名、住址和电子邮件地址。同时，当访问者按要求回复调查问卷时，企业应对其进行公告，访问者会在个人计算机上收到证实企业收到问卷的公告牌，被公告的访问者在一定期间内还可进行抽奖。

4. 和访问者建立良好的联系

在网站上可以放一些消费者感兴趣的免费资料或软件，提供给访问者免费使用，同时要求并鼓励访问者提供包括个人所在地域、单位、姓名、年龄、职业与职务及所在行业等的有关信息，这样就可掌握访问者的基本情况。市场调研人员可以采用这种策略，从而和消费者建立友好的联系。在企业站点上不只仅仅展示产品的图片、文字等，还要有针对性地提供公众感兴趣的时装、音乐、电影、家庭乃至幽默等有关话题。以大量有价值的与企业产品相辅相成的信息和免费软件吸引大量的访问者，促使访问者乐于告诉你有关个人的真实情况。这样调研人员就可以方便地进入个人主页，逐步与访问者在网上建立友谊和感情的桥梁，达到网上市场调研的目的。

四、网站站点上的市场调研

1. 不断变化调查问卷的内容组合

网络调研的一大优势就是可以方便地修改调查问卷上的内容，可以不断重新调整内容组合，从而起到吸引消费者的目的。因为不同时期、不同产品，访问者对其不同因素的兴趣不同，营销调研人员应通过不同因素组合的测试，分析判断何种因素组合对访问者是最重要、最关键的，哪些因素对访问者来说是最关心和最敏感的。

2. 在线监控调研

计算机硬件飞速发展的同时，各种各样的计算机软件也为企业进行市场调研提供了越来越多的方便。因为所有企业站点的访问者都能利用互联网上的一些软件程序来跟踪在线服务。因此，企业营销调研人员可通过监控在线服务掌握了解访问者主要浏览哪类企业、哪类产品的主页，挑选和购买何种产品等基本情况，进而经过统计分析，对消费者的地域分布、产品偏好、购买时间以及行业内产品竞争态势作出初步的判断和估价。

3. 传统市场调研和电子邮件相结合

企业市场调研人员可以在各种传播媒体（如报纸、电视或有关杂志）上刊登相关的调查问卷，并公告企业的电子邮箱和网址，让消费者通过电子邮件回答所要调研的问题，以此收集市场信息。采用这种方法，调研的范围比较广，同时可以减少企业市场调研中相应的人力和物力的消耗。

4. 通过产品的网上竞卖掌握市场信息

对于企业推出的新产品，可以通过网上竞卖，了解消费者的倾向和心理，掌握市场趋势，从而制定相应的市场营销策略。通过网上竞卖，企业市场调研人员可以掌握有关的市场信息，并以此为依据对未来市场趋势作出理性的分析与判断。

能力知识点3 网络营销的十大策略

1. 选好你的商品

在进行网络营销之前一定要弄清楚一个关键问题，即产品或服务是否适合在网上进行销售。一般来说，标准化、品质容易识别的产品或服务适合在网上进行营销。所谓标准化，是指这样一种商品或服务，它们很少发生变化，以至于消费者很容易识别其性能，如化妆品、书等。所谓品质容易识别，是指产品或服务有不同于其他同类产品或服务的地方，以至于消费者很容易识别其品质。例如美国 I~and's End 是世界知名品牌，消费者对其有极高的信任度，它的品质是公认的，容易识别。

前几年作为网络零售的龙头老大 8848 在产品选择上就犯了大忌，一开始主要销售软件、计算机图书、消费类电子产品等，取得了很大成功，可后来片面追求“最大”、“最全”，商品类别覆盖了包括计算机、电器、通信器材等有较高科技含量的“大件”商品，造成物流配送困难、售后服务跟不上等诸多问题。

2. 起个好名字

一个与企业名称和形象相符的域名，能给人留下良好的印象，对树立品牌也很重要。域名具有唯一性，一个域名一旦注册成功，其他机构就不能再使用。因此，域名是企业重要的网络商标，在进行域名的命名时，要考虑到域名与企业的名称、标识相统一。一个好的域名应该简洁、明快，名字太长会使访问者输入域名时感到麻烦。

当当书店在起名时，总裁俞渝广泛“发动”了亲朋好友。前提条件就是，名字一定要响亮。俞渝收到了幽静、开卷、梧桐等 30 多个名字。到底用哪个，大家各抒己见，相持不下。后来，还是俞渝出了个主意：大家都坐下，找个人挨个念名字，听着哪个响亮就用哪个。结果，一致认为“当当”最响亮。

3. 选择合适的网站形式

根据企业的规模大小和企业的发展规划选择自己的网站形式。可以自己架设，也可以从电子商务平台租用。建立一个功能完备的商务网站也许是未来的发展方向，但是开发时间长、需要投入大量资金并需要一批专业技术人员，还要涉及网上支付、网络安全、商品配送等一系列复杂的问题。就我国现状来看，网上销售目前还远没有形成主流，巨大的投资很难在短时间内回收，对大多数产品而言，租用专业的电子商务平台是个不错的选择——适当的才是最好的。

4. 网页要简洁明快

每个网站的主页都尽量设计得美观，毕竟，人们的感觉中最敏感的就是视觉冲击，这是无可厚非的。但如果为了炫耀企业的实力而把公司的全景照片放在首页，或者在网页中插入一堆花里胡哨的动态图片，那么不超过一分钟，多数的浏览者就会点击鼠标关掉网页。网民等待的耐心是有限的，而且转移注意力的方式实在是太方便了。过于花哨的界面会让人有杂乱之感，难以突出重点。所以在设计网页（尤其是首页）时，一定要保持简单的风格。

5. 一定要考虑互联网的国际性

无论你是经营家用电器，还是珠宝、工艺品或者装饰品，只要在网上营销，面对的就是整个国际市场，要是想让你的市场更广阔、机会更多，就有必要为你的网站做一个英文版，如果公司的业务主要针对某一国家，还应该有这个国家的语言版本。如阿里巴巴就有面向全球的英文网站、针对国内市场的简体中文网站、针对港澳地区和东南亚地区华人的繁体中文网站和针对韩国的专门网站。

6．合理利用网站空间

为保证网络营销的顺利进行，必须根据需要不断地开发后台管理软件，完善数据库资料。此外，合理利用网站空间表现为根据实际的需求提供网站的服务功能。有些企业网站开发的聊天室使用者寥寥无几，平白无故地浪费了企业的网站空间。其实，客户与网站的日常沟通，一般通过论坛、留言板或者企业邮箱就足够了。

7．网站内容能反映企业的专业性和权威性

在网络经济中，海量的信息导致没有多少企业乐于与一个二流的企业打交道，有人说，在网络世界生存下来的只有第一，这话不无道理。企业的发展历程、重要领导视察、参加重要的洽谈会或展览会，以及企业获得的荣誉称号，甚至经常报道行业的新闻都可以令你的网站有专业化的气息。例如登录著名的食品企业华龙集团的首页，可以在最醒目的位置看到华龙集团名列“中国食品百强企业”、华龙“今麦郎”登录美国以及“中共中央政治局常委、全国政协主席贾庆林视察华龙”等表明企业实力和荣誉的新闻。

8．宣传、宣传、再宣传

最有效的途径是在搜索引擎上登录你的网站，此外，还可以通过行业协会的网站、相关的 BBS、新闻讨论组或者利用报纸、杂志、电视等传统的媒体广告、名片来宣传，网上网下齐动手。总之，绝对不能让辛辛苦苦建立的网站被人遗忘在互联网的角落。值得注意的是，登录搜索引擎要从浏览者的角度去选择关键词。而且，登录搜索引擎也不是一劳永逸的事情，定期检查自己网站在各个搜索引擎的排名状况，如果你的网站排在第二页以后，那么你的点击率马上就会降低 40%以上。要注意网络社区对纯粹的广告行为相当反感，如果不想引起众怒的话，最好不要在毫不相干的论坛和讨论组发帖子，也不要用购买的邮件列表发垃圾邮件。

9．及时应对消费者的询问和订购

速度是网络的一大魅力之所在。客户的问题应该得到迅速（最好在 24h 之内）而准确的回复，网站管理人员有必要根据消费者的提问分类回答，提高解答的效率。当然，对于常见的问题，预先设置类似“疑难解答”、“购物演示”、“购物指南”等都是不错的选择。记住，如果客户在提问后的下一次打开邮箱时，没有得到满意的答复，他就很可能对你的网站和商品，乃至对你的公司和品牌产生极坏的印象。对于消费者的网上订购，更是应该迅速发货。1999 年 9 月 3 日至 6 日，从 5058 位报名者中百里挑一选出了 12 位网民，他们同时在北京、广州、上海三大城市参加了“72h 网上生存测试”。测试结果令消费者大失所望：各网上零售企业异常缓慢的反应速度令参赛者忍无可忍，有些订购的食品竟然 3、4 天后才能送到，甚至有些订货如石沉大海，再无回音。

10．服务至上

为客户提供良好的服务是企业长期生存和发展的基础，纵观全球成功的企业，无不是以良好的服务赢得消费者的。网上服务便捷、灵活、价格低廉、直接，商家应能利用这些优势，为客户提供更好的服务。例如，美国的联邦快递通过其高效的邮件快递系统将邮件在递送中的中间环节信息输送到计算机的数据库，客户可以直接通过互联网查找邮件的最新动态。客户可以在两天内去网上查看其包裹到了哪一站、在什么时间采取什么步骤、投递不成的原因、在什么时间会采取下一步措施，直至收件人安全地收到包裹为止。客户不用打电话去问任何人，上述服务信息都可在网上获得，既让客户免于为查邮件而奔波，同时公司又大大减少邮件查询方面的开支，使企业与消费者共同增值。

举一反三

一、理论部分

（一）填空

1．网络商店的目标市场定位有________、________、________、________、________。

2．网络商店调查问卷的设计应遵循的原则：__________、__________、__________、__________、__________。

（二）简答

1．简述网上调研的常用方法。

2．简述网上商店的开设技巧。

3．网上商店的基本开设步骤是什么？

（三）案例分析

当当网

当当网是全球最大的综合性中文网上购物商城之一，由国内著名出版机构科文公司、美国当当网老虎基金、美国 IDG 集团、卢森堡剑桥集团、亚洲创业投资基金（原名软银中国创业基金）共同投资创建。1999 年 11 月，当当网正式开通。成立十多年来，当当网销售业绩增长了 400 倍。当当网在线销售的商品包括了家居百货、化妆品、数码、家电、图书、音像、服装及母婴等几十个大类，逾百万种商品，在库图书达到 60 万种。目前每年有近千万顾客成为当当网的新增注册用户，遍及全国多个省、市、自治区和直辖市。每天有上万人在当当网买东西，每月有 3000 万人在当当网浏览各类信息，当当网每月销售商品超过 2000 万件。

当当网的使命是坚持“更多选择、更多低价”，让越来越多的顾客享购网上购物带来的方便和实惠。当当网之所以发展如此之快，具体归结为以下优势：

1）商品种类最多。当当网经营近百万种图书、音像、家居、化妆品、数码、饰品、箱包、户外休闲等商品，是我国经营商品种类最多的网上零售店之一。

2）购物最方便。当当网参照国际先进经验独创的商品分类、智能查询、直观的网站导航和简洁的购物流程等，为消费者提供了愉悦的购物环境。

3）顾客最多。当当网目前无论从网站访问量还是从每日定单数量来讲，都是我国顾客最多的网上零售店之一。

4）价格较低。当当网的使命就是坚持“更多选择，更多低价”。

请问：当当网为什么在我国发展得如此迅速？

二、实践部分

浏览两家定位不同的网络商店，对其商品策略进行分析。

学习评价

被考评人					
考评地点					
考评内容	网络商店的开设，网络商店的市场调研，网络营销的十大策略				
考评标准	内　　容	分值/分	自我评价/分	小组评议/分	实际得分/分
	网络商店的开设	30			
	网络商店的市场调研	50			
	网络营销的十大策略	20			
合　　计		100			

注：1. 实际得分=自我评价 40%+小组评议 60%。

2. 考评满分为 100 分，60～74 分为及格；75～84 分为良好；85 分以上为优秀（包括 85 分）。

第九单元　合　作　社

9

本单元学习导引图

合作社
- **合作社概述**
  - 合作社的定义及其发展历史
  - 合作社的分类
  - 合作社的发展历史及我国合作社发展历程
- **成立专业合作社实际操作流程**
  - 农民专业合作社的概念
  - 专业合作社的组建程序

学习目标

合作社是一种合作经济组织，在市场经济的今天，其越来越成为一个不可或缺的供应链节点。通过本单元的学习，您将了解到合作社的概念及分类，了解到其历史变革与发展轨迹，学会农民专业合作社的组建程序。

综合知识模块一　合作社概述

能力知识点 1　合作社的定义及其发展历史

合作社是指根据合作原则建立以优化社员（法人单位或自然人）经济利益为目的，且社员之间自愿联合进行合作生产、合作经营的一种合作经济组织形式。

1995 年国际合作社联盟第 31 届代表大会对合作社作出了如下原则性定义：合作社是人们自愿联合，通过共同所有和民主控制的企业来满足社员经济、社会和文化方面的共同需求和渴望的自治组织。为了准确理解这个定义，国际合作社联盟还对此作出了详细说明：

1）合作社是自治组织，它尽可能地独立于政府和私营企业。

2）合作社是“人的联合”，世界上许多基层社团只允许单个“自然人”加入，但联合社允许“法人”加入，包括公司。通常，联合社的社员就是其他合作社。

3）人的联合是“自愿的”，在合作社的目标和资源内，社员有加入和退出的自由。

4）“满足共同的经济、社会和文化方面的需求”这一规定强调了合作社是由其社员组织起来并着眼于社员的，社员的需要是合作社存在的主要目的。

5）合作社是一个“共同所有和民主控制的企业”，合作社的所有权在民主的基础上归全体社员所有。

《国际合作社联盟章程》在解释合作社原则时指出：参加合作社应自觉自愿；合作社是民主性组织，实行民主选举、民主管理；合作社的盈余应归全体成员所有，扣除发展基金后，按社员的业务交往量比例大小分配；合作社应加强合作教育，积极发展地区、国家之间的联系与合作。可见，合作社既是具有法人地位的生产或经营企业，又是群众性的社团组织。合作社作为一个群众经济组织，有自己特有的组织原则和章程。加入合作社的全体成员，必须遵守这些原则和按章程办事，履行自己应尽的义务，享受应有的权利。合作社还有明确的办社宗旨和目的，否则就不称其为合作社。所以，不是任何一种合作组织（如合作企业、合伙企业、经济联合体等），都能够称为合作社。从合作生产经营到组成合作社组织，必须具备上述条件，并需要一个形成和发展的过程。因此，并不是有合作、协作或联合关系，就必然有合作组织，有合作组织也不一定完全就是合作社。合作社是合作组织较完备的典型的组织形式，其规模有大有小。一般合作经济就是指合作社经济。

能力知识点2　合作社的分类

从一般意义上讲，合作社的分类方法有很多。可依据生产环节为标准划分，还可以依据其自身的功能、是否发行股票为标准、纵向层次等为标准划分。在当今理论界，大概有以下几种划分类型。

1. 以生产环节为标准划分

（1）生产合作社：从事种植、采集、养殖、渔猎、牧养、加工、建筑等生产活动的各类合作社，如农业生产合作社、手工业生产合作社、建筑合作社等。

（2）流通合作社：从事推销、购买、运输等流通领域服务业务的合作社，如供销合作社、运输合作社、消费合作社、购买合作社等。

（3）信用合作社：接受社员存款并贷款给社员的合作社，如农村信用合作社、城市信用合作社等。

（4）服务合作社：通过各种劳务、服务等方式，提供给社员生产生活一定便利条件的合作社，如租赁合作社、劳务合作社、医疗合作社、保险合作社、利用合作社等。

2. 以其自身的功能为标准划分

（1）生产类合作社：其内容与前述生产合作社相同。

（2）服务类合作社：其内容与前述服务合作社相同。在服务类合作社中，常见的有以下几种：

1）消费合作社。消费合作社是指由消费者共同出资组成，主要通过经营生活消费品为社员自身服务的合作组织。

2）供销合作社。供销合作社是指购进各种生产资料出售给社员，同时销售社员的产品，以满足其生产上各种需要的合作社，是当前世界上较为流行的一种合作组织。供销合作社的经营方式有两种：一是专营供给业务，二是兼营农产品运销或者日用工业品销售等业务。

3）运销合作社。运销合作社是指从事社员生产的商品联合推销业务的合作社，有时候兼营产品的分级、包装、加工等业务。运销合作社的业务主要集中在农产品运销方面，源于大机器工业生产条件下，工业品主要通过各种大型的商业机构销售，而农业生产和农产品基于其自然特点，供应不能十分均衡，价格变化较大。通过组织合作社专门销售，可以尽量避免经济上的风险。目前，世界各国的运销合作社主要采用三种不同的运销制度：一是收购运销制，即合作社收购农产品后再行销售，销售盈利与社员无关；二是委托运销制，即合作社代理销售，销售款在扣除一定费用后全部交给社员，盈亏由社员承担；三是合作运销制，即合作社将社员所交的同级产品混合销售，社员取得平均收入。

4）保险合作社。保险合作社是指个体劳动者、业主、职工联合起来，按照《中华人民共和国保险法》的规定，采取互助方式，以社员为保险对象而经营保险事业的合作社。这种保险组织，由社员交纳保险费，社员自己经营与管理，共同负担灾害损失，维护社员的自身利益。保险合作社主要有三类：一是消费者保险合作社，以人身保险为主；二是劳动者保险合作社，以失业保险和意外保险为主；三是农业保险合作社，以农业生产和收获保险为主。

5）利用合作社。利用合作社是由合作社置办各种与生产有关的公共设备或者生产资料，以供社员分别使用的一种合作社。目前，在世界各国比较普遍的利用合作社有：农业机械利用合作社、种畜利用合作社、电气利用合作社、仓库利用合作社、水利利用合作社、土地利用合作社等。

6）医疗合作社。医疗合作社是公用合作社的一种形式。通过置办医疗设备，聘请医务人员，对社员提供医疗保健服务的合作社。由于服务的范围不同，具体形式也有区别：有的创设独立医院，有的只设简单的诊所，有的只设为社员提供廉价药品的药房。

7）公用合作社。公用合作社是置办各种与日常生活有关的设备以供社员使用的合作社。它与消费合作社不同的是，它所置办的设备为合作社所有，仅供社员使用，不向社员出售；它与利用合作社不同的是，它所置办的设备为生活所需，而非为生产所需。公用合作社的业务种类很多，比较普遍的有食堂、理发厅、浴池、洗衣、托儿所、图书馆、茶馆、剧场等。目前在欧美等国特别流行的住宅合作社和医疗合作社，是公用合作社中最发达的两种形式。

8）劳务合作社。劳务合作社是由合作社承包业务，社员使用集体或个人所有的劳动工具并提供劳动力，共同进行劳动的合作社。社员除得到应得工资外，对年终盈余，有权按社员提供的劳务参与分配。劳务合作社经营的业务，大多属于劳动工具比较简单、工作时间相对较短而工作场所分散或易变的各种劳务，如建筑、运输、装卸、修理、采伐等方面的工作。

3. *以合作社是否发行股票为标准划分*

（1）股份合作社：股份合作社是国外一种发行股票的合作社，它与非股份合作社相对应。股票的持有人就是合作社的股东和所有者，股票是股东股份所有权证明，可以买卖、转让或继承。股份合作社成员不能退出合作社，只能通过出售其所有的股票的办法与合作社脱离关系。实质上，股份合作社只不过是以发行股票的办法筹集资金，其他方面仍与一般合作社无异。

（2）非股份合作社：非股份合作社是指不发行股票，而通过发给社员入股证书以证明他们在合作社中权利的合作社。

四、以合作社的纵向层次为标准划分

（1）国际合作社联盟：国际合作社联盟是一个国际性的合作联合组织，是一个非官方的国际组织。1895 年在英国伦敦成立，现总部设在瑞士的日内瓦。其主要成员是各国合作组织的全国合作社联社、合作社联社的全国协会、设有全国性组织的地区性合作社联社组织。在消费领域有供销、保险、住宅、银行等类型的组织；在生产领域有手工业、工业、农业、渔业等类型的组织。一些国际性合作社组织也加入了国际合作社联盟。国际合作社联盟的宗旨是向全世界宣传合作思想和合作社的原则与方法，推动各国合作社事业的发展，保护各种形式的合作社的利益，保持各成员国组织间的友好关系，促进各种形式的合作社间的经济交流，帮忙和促进各国人民的经济与社会的进步发展，致力于建立持久的和平与安全。

（2）全国总社：全国总社（有的国家称为中央联社）是一个国家的合作社总社（或简称联合社），如日本的全国农业协同经济组织联合会（简称全农）、韩国的全国农业协同组合中央会等。

（3）地方联社：地方联社是指地方一级所建立的合作联合社，如省（直辖市、自治区）合作社联合社、县合作社联合社等。

（4）基层合作社：基层合作社主要指在最基层生产经营单位，以生产经营者为主体，在资源基础上按合作制原则组建起来的各种类型的合作社。

> **想一想**
>
> 根据不同的标准，合作社的分类有哪些？

能力知识点 3　合作社的发展历史及我国合作社发展历程

现在世界上公认的第一个最成功的合作社，是 1844 年在英国的罗奇代尔镇由 28 个失业纺织工人自发成立的“公正先驱者消费合作社”。当时每人出资 1 英镑作为一股，共 28 英镑，后来逐渐发展壮大，社员增加到近 3 万人，股金增加到 40 万英镑。它所建立的罗奇代尔原则后来成为指导国际合作社发展的基本原则。在这一原则的指导下，世界各国纷纷成立了不同类型的合作组织，如美国的农场主合作社、德国的信用合作社和农业合作社、日本和韩国的农业协同组合（简称农协）等，国际上先后成立了国际合作联盟、国际农业生产者联盟、信用联盟、欧洲消费者联盟等国际合作组织。

我国历史上第一个合作社产生于 1918 年，是由北大倡导合作思想的胡钧教授及其学生们共同组织创办的“北大消费公社”。1922 年 9 月，毛泽东在安源创办的“路矿工人消费合

作社”是中国共产党领导下的第一个合作社。

新中国成立后，我国普遍实行了合作化道路，在城镇和乡村组织成立了供销合作社、消费合作社、信用合作社、生产合作社和运输合作社。到 1955 年，农业、商业或手工业的合作化都有了比较快的发展。但是由于后来中央的路线转到了全面实施社会主义改造，在长达 20 年的人民公社体制下，受行政性计划经济的影响，农民合作经济组织越来越不适应经济发展的要求。

改革开放以后，农村实行家庭联产承包责任制，极大地调动了广大农民的生产积极性，在一定时期内，促进了农村生产力的发展，极大地改善了农民的生活。但是，农业始终是弱势产业，农民是弱势群体。随着市场经济的发展，农业和农民的弱势地位在市场的面前表现得日益明显，一家一户的分散经营很难抵御市场风险。在这种情况下，农民便选择了抱团、合作。1982 年，安徽省天长县界牌镇 17 户农民联合创办了改革开放后我国第一个新型的农民合作组织——水产研究会。

进入 20 世纪 90 年代以后，各地积极探索发展和完善各种合作经济组织。除原有的社区合作经济组织、供销合作社、信用合作社得到一定程度的发展和完善外，各种以民主平等、自愿互利为原则的农民专业合作社、专业协会、股份制合作社等农村新型合作经济组织大量涌现，发展迅速。

活动建议

1. 走访一家区县级以上的供销合作社，争取从其负责人处了解到当地供销社的发展历史及当今的主营业务，写一篇与合作经济组织相关的心得体会。

2. 通过聘请当地区县级以上合作社的高层管理人员来校作报告，了解合作经济的经营状况。

举一反三

一、理论部分

（一）填空题

1. 合作社是指____。

2. 以生产环节为标准划分，合作社分为：________、________、________、________。

3. 现在世界上公认的第一个最成功的合作社，是________________________。

4. 我国历史上第一个合作社产生于________年，是由北大倡导合作思想的胡钧教授及其学生们共同组织创办的“____________”。

5. 1982 年，安徽省天长县界牌镇 17 户农民联合创办了改革开放后我国第一个新型的农民合作组织是____________________。

（二）简答题

1. 以合作社自身的功能为标准可将合作社划分为多少种类型？

2．简述我国合作社的发展历程。

3．国际合作社联盟是一个什么样的组织？其由什么构成？

（三）案例分析

北京市供销合作总社成立于1949年2月22日，是全市供销合作社的领导机构和市级社社有资产的管理机构，主要履行系统行业指导和市级社社有资产出资人代表职能。其主要职能和任务是：研究制定全市供销社的发展战略和发展规划，指导全系统的改革发展和业务经营活动；按照政府授权对重要农业生产资料、农副产品经营进行组织、协调、管理；宣传贯彻党和国家有关农村经济工作的方针政策，积极参与社会主义新农村建设；同时，按照社章规定对本级社有企业行使出资人职能。

北京市供销合作总社成立六十多年来，已形成了独立的、比较完整的经营管理服务体系。市社系统由市社、区（县）供销社、基层供销社三级组成，是自下而上的经济联合关系。目前，市社系统有10个区、县级供销社和40个基层供销社，市社直属单位21个，设有2家区物资回收公司，共有批发、零售、加工、饮食、服务、储运等各种流通服务网点1200多家，遍布城乡。

市社机关设置办公室（党委办公室）、财务部、企业管理部、合作指导部（业务部）、安全保卫部、人事部、党务工作部（团委、机关党委）、纪检监察办公室、工会、老干部工作部10个部室。

经过30年脱胎换骨的改革，北京市供销合作社融入了社会主义市场经济体制，提升了为首都经济服务和城乡居民服务的能力。到2008年底，全系统实现总营业收入60.83亿元，实现利润2.17亿元，其中市社直属单位完成总营业收入43.22亿元，实现利润1.39亿元。目前，北京市供销合作总社已形成适应市场经济体制要求、符合北京特点的六大经营体系：第一类是供销社传统业务经营；第二类是物流行业经营；第三类是市场经营；第四类是商品经营；第五类是资产经营；第六类是投资经营。在经营实践中，北京市供销合作总社积极实施品牌战略，现在已经拥有一批品牌企业和名牌产品。海龙、百花蜂产品、东方信捷、佳之兴、新世纪商城、隆华购物中心、宫霄大厦、帝园商城等单位分别获得中国商联会和市商联会授予的商业企业名牌、商业企业服务名牌称号。

北京市供销合作总社积极推进“新网工程”，立足北京、覆盖郊区、辐射华北，逐步形成了日用消费品流通网络、农资连锁经营网络、再生资源回收利用网络。

日用消费品流通网络已有营业面积3000m^2以上的紧密型商场、镇级超市27家，为民综合服务站、农村（社区）连锁便利店近847家，千人以上村建店覆盖率达100%，年配送额达到7亿元。

到2007年末，北京市供销合作总社直属企业全部完成了产权制度改革，建立了规范的出资人制度和法人治理结构，初步建立了现代企业制度。

北京市供销合作总社坚持立足北京，面向全国，积极开展国内国际经济交流与合作，通过引进资金、技术设备和组织商品出口，大力发展贸易合作，取得了显著效益，促进了供销合作事业的新发展。

请问：1. 北京市供销合作总社的职能和任务是什么？
　　　2. 北京市供销合作总社六大经营体系是什么？

二、实践部分

1. 训练目标：了解当地供销合作社的发展历史及现在的主营业务。
2. 训练准备：通过走访、电话等方式收集当地供销合作社的一手资料，并分类整理。
3. 训练地点：由任课老师指定。
4. 训练方法：针对所收集的资料分若干小组讨论，汇总各小组讨论结果，并形成大家一致认可的报告。

学习评价

被考评人					
考评地点					
考评内容	合作社的概念及分类				
考评标准	内　　容	分值/分	自我评价/分	小组评议/分	实际得分/分
	合作社的概念	30			
	合作社的分类	70			
合　　计		100			

注：1. 实际得分=自我评价 40%+小组评议 60%。
　　2. 考评满分为 100 分，60～74 分为及格；75～84 分为良好；85 分以上为优秀（包括 85 分）。

综合知识模块二

成立专业合作社实际操作流程

能力知识点 1　农民专业合作社的概念

农民专业合作社是在农村家庭承包经营基础上，同类农产品的生产经营者或者同类农业生产经营服务的提供者、利用者，自愿联合、民主管理的互助性经济组织。

《中华人民共和国农民专业合作社法》在第一章第二条中对农民专业合作社进行了简要的定义，包括两个方面的内容：一方面，从概念上对合作社进行了定义，即“农民专业合作社是在农村家庭承包经营基础上，同类农产品的生产经营者或者同类农业生产经营服务的提供者、利用者，自愿联合、民主管理的互助性经济组织”；另一方面，从服务对象上对合作社进行了定义，即“农民专业合作社以其成员为主要服务对象，提供农业生产资料的购买，农产品的销售、加工、运输、贮藏以及与农业生产经营有关的技术、信息等服务”。

能力知识点2 专业合作社的组建程序

组建专业合作社一般可以按下列程序运作：

1. 发起筹备

1）成立筹备委员会，制定筹备工作方案。筹委会主要由发起人和有关工作人员组成，必要时应成立专门的办事机构，具体负责筹备和制定工作方案。工作方案包括为什么筹建该合作组织，由谁牵头发起，会员入会条件及合作组织筹备程序等。

2）由发起人拟订社名，确立业务范围。发起人一般由5～7人组成，由发起人会商拟订合作组织名称，确定本组织业务区域、业务项目、经营方式，并说明发起成立的缘由，预计会员人数及筹集的资金总额等。

3）准备发起申请书。将上述发起人讨论研究确定的内容填入合作组织发起申请表，并同时准备好申请报告。申请报告内容主要包括本社宗旨、业务范围、经营效益、内设机构和下属组织等。

2. 申报批准

向有关部门申报批准，主要是便于合作组织的主管部门与发起人加强联系，加强业务指导和管理。主管部门接到合作组织发起人报送的组建申请书后，应认真进行审查，包括发起人是否有组织能力，该合作组织业务数量是否达到组建规模，预期效益如何，等等。基本符合条件后，即可下达同意组建批复。

3. 制定章程

申请人接到主管部门准予组建的批复公文后，应及时召开筹委会，吸纳会员，参照有关示范章程拟订本组织章程及业务计划草案。

4. 推荐理事会、监事会候选人名单

依托有关部门和社会力量创建的合作组织，应注意吸纳足够数量的农民成员参加理事会和监事会。

5. 召开成立大会

在上述各项筹备工作完成后，即可呈请当地合作组织主管部门派员出席指导，并于合作组织成立7日前，通知会员参加大会，如会员较多，则可按规定要求选派会员代表出席成立大会。成立大会一般包括如下议程：

1）主持人宣布本合作组织加入成员名单、人数、代表人数，如到会人数符合成立合作组织的有关规定，即宣布成立大会开始。

2）筹委会负责人作合作组织筹备工作报告。

3）主管机关负责人宣布本合作组织成立的批复。

4）宣读章程草案，并请讨论后表决通过。

5）提出理事会、监事会候选人名单，并进行选举。

6）理事会、监事会分别召开第一次会议，推选常务理事、理事长和监事长。

7）主持人宣布常务理事、理事长、监事长等人选名单。

8）理事长、监事长讲话。

9）党政领导和有关社会各界代表讲话。

10）宣布成立大会结束。

6. 组建工作机构

1）召开工作会议，成立办事机构。由理事长主持常务理事工作会议，研究成立合作组织办事机构和有关业务指导部门。业务大的合作组织，可由理事长聘任总经理。

2）聘任办事机构业务部门负责人，业务量小的合作社由理事长直接聘任，设置总经理的由总经理聘任部门负责人，由各部门负责人招聘精干的业务工作人员。

3）召开业务会议，由理事长或总经理主持，有关业务部门参加讨论研究工作计划，布置和开展合作社业务工作。

活动建议

任课教师或学校领导联系一家农民专业合作社，组织学生参观学习。

举一反三

一、理论部分

（一）填空题

1．农民专业合作社是______________________________。

2．农民专业合作社以其成员为主要服务对象，提供______________，农产品的______________以及与__________________等服务。

3．组建农民合作组织一般可以按下列程序运作：__________、__________、__________、__________、__________、__________。

（二）简答题

1．简述《中华人民共和国农民专业合作社法》对农民专业合作社简要的定义。

2．农民合作组织的组建程序中成立大会一般议程都包括哪些内容？

（三）案例分析

北京平谷着力构建合作社农产品营销体系

近年来，北京市平谷区充分发挥合作社在农产品市场化建设中的桥梁与纽带作用，通过“一联、二网、四对接”的方式，实现了联合社、直销店与网络营销的有机结合，推动了合作社农产品营销服务体系的建设，形成了以合作社为主体的农产品营销体系。

“一联”，即成立合作社联合社，将平谷区 37 家优秀合作社联合起来，组成了北京绿谷农合农产品产销联合社，打造“绿谷农合”品牌，使原来纷杂的农产品品牌走向了统一，使分散的农产品销售走向了联合，进而大大提高了农产品的市场竞争力。同时，在区内建立北京绿谷农合平谷优质农产品配送中心。该配送中心兼具合作社直销总店功能、鲜活农产品全程电子商务功能、农超对接载体功能和本地团购基地功能，进一步拓宽平谷区农产品销售渠道，建立和完善农产品市场营销服务体系。

“二网”，即构建市级农产品直销网络和电子促销网络。一是全力打造平谷安全农产品展示交易厅和直销店。通过在北京新发地中央农产品批发市场建立平谷安全农产品展示交易厅，入驻单位全部为平谷区优秀农民专业合作社，为平谷区合作社的产品在市区搭建起了产销之间快速对接的平台，2010 年总销售额居全市第一，取得了较好的经济效益和社会效益。与此同时，在北京城区建立了 40 家平谷优质农产品直销店，以“绿谷农合”为品牌，联合区内重点合作社，组团发展，形成规模经营，促进平谷区优质农产品的销售，逐步建立起覆盖北京主要城区的农产品直销网络，有效减少农产品流通环节，增加农民收入。截至 2010 年底，40 家直销店销售全区农产品 400.93 万公斤，实现销售额 1217.98 万元。二是建立“绿谷农合之家”网络系统，引进鲜活农产品电子商务系统，建立网络营销平台。作为农业部扶持的全国第一家农民专业合作社网络营销促销系统应用试点单位，平谷区农合中心在 2010 年搭建了“绿谷农合之家”网站，2011 年又引进了“鲜活农产品电子商务系统”。该系统集成了对农民专业合作社从生产数据采集、农产品安全到农产品网络销售和配送，以及合作社网络远程监控和管理等多项功能，并实现了与合作社、优质农产品配送中心、京城直销店之间的有机结合，创造了网络营销四个全国第一：第一个农民专业合作社管理系统试点、第一个合作社联合社开办的电子营销平台、第一个农超对接网上交易平台、第一个合作社农产品直销店体系中的配送中心。网络营销促销系统的应用，使平谷区新型农产品营销体系有了新的突破，为提高农产品品质、增强市场竞争力、拓宽营销渠道和农民增收致富带来新的契机。

“四对接”，即推动农超、农企、农旅、农社四对接，统一品牌，开展营销促销活动。由平谷区农合中心组织区内多家合作社以“绿谷农合”联合社的身份，参加“京城社区文化节”、“平谷优质农产品进京城社区”、“平谷农旅商品展销会”、“丫髻山传统文化庙会”、“平谷农超对接暨农副产品展示展卖”等多项活动，采取现场展销与基地直采相结合的方式全方位开展营销活动。2011 年，平谷区已有 10 多家合作社与大型商超、企业实现了有效对接。目前，平谷区 15 家合作社的精品大桃已覆盖家乐福在北京的全部 18 家门店。2010 年，在全区合作社开展农超、农企、农旅、农社对接，实现农产品销售量 7947 万公斤，销售额达 31997.33 万元。

请问：平谷区以合作社为主体的农产品营销体系内容是什么？

二、实践部分

1．训练目标：模拟成立一个农业养殖合作社。

2．训练准备：了解农业合作社的成立流程；了解《中华人民共和国农民专业合作社法》；了解在当地申报合作社都需要联系哪些政府部门。

3．训练地点：由任课教师指定。

4．训练方法：学生以模拟的方式成立农业专业合作社。

学习评价

被考评人					
考评地点					
考评内容	农业合作社的概念及组建程序				
考评标准	内　　容	分值/分	自我评价/分	小组评议/分	实际得分/分
	农业合作社的概念	30			
	农业合作社组建程序	70			
合　　计		100			

注：1. 实际得分=自我评价 40%+小组评议 60%。

2. 考评满分为 100 分，60～74 分为及格；75～84 分为良好；85 分以上为优秀（包括 85 分）。

附录 A

中华人民共和国国家标准 GB/T 18106—2004 零售业态分类（摘录）

1 范围

本标准规定了零售业态的分类标准及其分类原则和各种业态的结构特点。

本标准适用于在中华人民共和国境内从事零售业的企业和店铺。

2 术语和定义

下列术语和定义适用于本标准。

2.1

零售业　retail industry

以向消费者销售商品为主，并提供相关服务的行业。

2.2

零售业态　retail formats

零售企业为满足不同的消费需求进行相应的要素组合而形成的不同经营形态。

3 零售业态分类原则

零售业态按零售店铺的结构特点，根据其经营方式、商品结构、服务功能，以及选址、商圈、规模、店堂设施、目标顾客和有无固定营业场所进行分类。

4 零售业态分类

零售业态从总体上可以分为有店铺零售业态和无店铺零售业态两类。

按照零售业态分类原则分为食杂店、便利店、折扣店、超市、大型超市、仓储会员店、百货店、专业店、专卖店、家居建材商店、购物中心、厂家直销中心、电视购物、邮购、网上商店、自动售货亭、直销、电话购物等 18 种零售业态。

4.1 有店铺零售　store-based retailing

是有固定的进行商品陈列和销售所需要的场所和空间，并且消费者的购买行为主要在这一场所内完成的零售业态。有店铺零售业态分类和基本特点见表 A1。

4.1.1 食杂店　traditional grocery store

是以香烟、酒、饮料、休闲食品为主，独立、传统的无明显品牌形象的零售业态。

4.1.2 便利店 convenience store

满足顾客便利性需求为主要目的的零售业态。

4.1.3 折扣店 discount store

是店铺装修简单，提供有限服务，商品价格低廉的一种小型超市业态。拥有不到 2000 个品种，经营一定数量的自有品牌商品。

4.1.4 超市 supermarket

是开架售货，集中收款，满足社区消费者日常生活需要的零售业态。根据商品结构的不同，可以分为食品超市和综合超市。

4.1.5 大型超市 hypermarket

实际营业面积 6000m^2 以上，品种齐全，满足顾客一次性购齐的零售业态。根据商品结构，可以分为以经营食品为主的大型超市和以经营日用品为主的大型超市。

表 A1 有店铺零售业态分类和基本特点

序号	业态	基本特点						
		选址	商圈与目标顾客	规模	商品（经营）结构	商品售卖方式	服务功能	管理信息系统
1	食杂店 traditional grocery store	位于居民区内或传统商业区内	辐射半径 0.3km，目标顾客以相对固定的居民为主	营业面积一般在 100m^2 以内	以香烟、饮料、酒、休闲食品为主	柜台式和自选式相结合	营业时间 12h 以上	初级或不设立
2	便利店 convenience store	商业中心区、交通要道以及车站、医院、学校、娱乐场所、办公楼、加油站等公共活动区	商圈范围小，顾客步行 5min 内到达，目标顾客主要为单身者、年轻人。顾客多为有目的的购买	营业面积 100m^2 左右，利用率高	即时食品、日用小百货为主，有即时消费性、小容量、应急性等特点，商品品种在 3000 种左右，售价高于市场平均水平	以开架自选为主，结算在收银处统一进行	营业时间 16h 以上，提供即时性食品的辅助设施，开设多项服务项目	程度较高
3	折扣店 discount store	居民区、交通要道等租金相对便宜的地区	辐射半径 2km 左右，目标顾客主要为商圈内的居民	营业面积 300m^2～500m^2	商品平均价格低于市场平均水平，自有品牌占有较大的比例	开架自选，统一结算	用工精简，为顾客提供有限的服务	一般
4	超市 supermarket	市、区商业中心、居住区	辐射半径 2km 左右，目标顾客以居民为主	营业面积在 6000m^2 以下	经营包装食品、生鲜食品和日用品。食品超市与综合超市商品结构不同	自选销售，出入口分设，在收银台统一结算	营业时间 12h 以上	程度较高
5	大型超市 hypermarket	市、区商业中心、城郊结合部、交通要道及大型居住区	辐射半径 2km 以上，目标顾客以居民、流动顾客为主	实际营业面积 6000m^2 以上	大众化衣、食、日用品齐全，一次性购齐，注重自有品牌开发	自选销售，出入口分设，在收银台统一结算	设不低于营业面积 40% 的停车场	程度较高
6	仓储式会员店 warehouse club	城乡结合部的交通要道	辐射半径 5km 以上，目标顾客以中小零售店、餐饮店、集团购买和流动顾客为主	营业面积 6000m^2 以上	以大众化衣、食、用品为主，自有品牌占相当部分，商品在 4000 种左右，实行低价、批量销售	自选销售，出入口分设，在收银台统一结算	设相当于营业面积的停车场	程度较高并对顾客实行会员制管理

（续）

序　号	业　态	基本特点						
		选址	商圈与目标顾客	规模	商品（经营）结构	商品售卖方式	服务功能	管理信息系统
7	百货店 department store	市、区级商业中心、历史形成的商业集聚地	目标顾客以追求时尚和品味的流动顾客为主	营业面积 $6000m^2$ ～ $20000m^2$	综合性，门类齐全，以服饰、鞋类、箱包、化妆品、家庭用品、家用电器为主	采取柜台销售和开架面售相结合方式	注重服务，设餐饮、娱乐等服务项目和设施	程度较高
8	专业店 speciality store	市、区级商业中心以及百货店、购物中心内	目标顾客以有目的选购某类商品的流动顾客为主	根据商品特点而定	以销售某类商品为主，体现专业性、深度性、品种丰富，选择余地大	采取柜台销售或开架面售方式	从业人员具有丰富的专业知识	程度较高
9	专卖店 exclusive shop	市、区级商业中心、专业街以及百货店、购物中心内	目标顾客以中高档消费者和追求时尚的年轻人为主	根据商品特点而定	以销售某一品牌系列商品为主，销售量少、质优、高毛利	采取柜台销售或开架面售方式，商店陈列、照明、包装、广告讲究	注重品牌声誉，从业人员具备丰富的专业知识，提供专业性服务	一般
10	家居建材商店 home center	城乡结合部、交通要道或消费者自有房产比较高的地区	目标顾客以拥有自有房产的顾客为主	营业面积 $6000m^2$ 以上	商品以改善、建设家庭居住环境有关的装饰、装修等用品、日用杂品、技术及服务为主	采取开架自选方式	提供一站式购足和一条龙服务，停车位300个以上	较高
11 购物中心 shopping center/shopping mall	社区购物中心 community shopping center	市、区级商业中心	商圈半径为5km～10km	建筑面积为5万 m^2 以内	20个～40个租赁店，包括大型综合超市、专业店、专卖店、饮食服务及其他店	各个租赁店独立开展经营活动	停车位300个～500个	各个租赁店使用各自的信息系统
	市区购物中心 regional shopping center	市级商业中心	商圈半径为10km～20km	建筑面积10万 m^2 以内	40个～100个租赁店，包括百货店、大型综合超市、各种专业店、专卖店、饮食店、杂品店以及娱乐服务设施等	各个租赁店独立开展经营活动	停车位500个以上	各个租赁店使用各自的信息系统
	城郊购物中心 factory outlets center	城乡结合部的交通要道	商圈半径为30km～50km	建筑面积10万 m^2 以上	200个租赁店以上，包括百货店、大型综合超市、各种专业店、专卖店、饮食店、杂品店及娱乐服务设施等	各个租赁店独立开展经营活动	停车位1000个以上	各个租赁店使用各自的信息系统
12	工厂直销中心 factory outlets center	一般远离市区	目标顾客多为重视品牌的有目的的购买	单个建筑面积 $100m^2$ ～ $200m^2$	为品牌商品生产商直接设立，商品均为本企业的品牌	采用自选式售货方式	多家店共有500个以上停车位	各个租赁店使用各自的信息系统

4.1.6　仓储会员店　warehouse club

以会员制为基础，实行储销一体、批零兼营，以提供有限服务和低价格商品为主要特征的零售业态。

4.1.7 百货店 **department store**

在一个建筑物内，经营若干大类商品，实行统一管理，分区销售，满足顾客对时尚商品多样化选择需求的零售业态。

4.1.8 专业店 **speciality store**

以专门经营某一大类商品为主的零售业态。

例如办公用品专业店（office supply）、玩具专业店（toy stores）、家电专业店（home appliance）、药品专业店（drug store）、服饰店（apparel shop）等。

4.1.9 专卖店 **exclusive shop**

以专门经营或被授权经营某一主要品牌商品为主的零售业态。

4.1.10 家居建材商店 **home center**

以专门销售建材、装饰、家居用品为主的零售业态。

4.1.11 购物中心 **shopping center/shopping mall**

是多种零售店铺、服务设施集中在由企业有计划地开发、管理、运营的一个建筑物内或一个区域内，向消费者提供综合性服务的商业集合体。

4.1.11.1 社区购物中心 **community shopping center**

是在城市的区域商业中心建立的，面积在 5 万 m^2 以内的购物中心。

4.1.11.2 市区购物中心 **regional shopping center**

是在城市的商业中心建立的，面积在 10 万 m^2 以内的购物中心。

4.1.11.3 城郊购物中心 **super-regional shopping center**

是在城市的郊区建立的，面积在 10 万 m^2 以上的购物中心。

4.1.12 厂家直销中心 **factory outlets center**

由生产商直接设立或委托独立经营者设立，专门经营本企业品牌商品，并且多个企业品牌的营业场所集中在一个区域的零售业态。

4.2 无店铺零售 **non-store selling**

不通过店铺销售，由厂家或商家直接将商品递送给消费者的零售业态。无店铺零售业态分类和基本特点见表 A2。

4.2.1 电视购物 **television shopping**

以电视作为向消费者进行商品推介展示的渠道，并取得订单的零售业态。

4.2.2 邮购 **mail order**

以邮寄商品目录为主向消费者进行商品推介展示的渠道，并通过邮寄的方式将商品送达给消费者的零售业态。

4.2.3 网上商店 **shop on network**

通过互联网络进行买卖活动的零售业态。

4.2.4 自动售货亭 **vending machine**

通过售货机进行商品售卖活动的零售业态。

4.2.5 直销 **direct selling**

采用销售人员直接与消费者接触，进行推介，以达到销售其产品或服务目的的零售业态。

4.2.6 电话购物 **tele-shopping**

主要通过电话完成销售或购买活动的一种零售业态。

表 A2 无店铺零售业态分类和基本特点

序号	业态	基本特点			
		目标顾客	商品（经营）结构	商品售卖方式	服务功能
1	电视购物 television shopping	以电视观众为主	商品具有某种特点，与市场上同类商品相比，同质性不强	以电视作为向消费者进行商品宣传展示的渠道	送货到指定地点或自提
2	邮购 mail order	以地理上相隔较远的消费者为主	商品包装具有规则性，适宜储存和运输	以邮寄商品目录为主向消费者进行商品宣传展示的渠道，并取得定单	送货到指定地点
3	网上商店 shop on network	有上网能力，追求快捷性的消费者	与市场上同类商品相比，同质性强	通过互联网络进行买卖活动	送货到指定地点
4	自动售货亭 vending machine	以流动顾客为主	以香烟和碳酸饮料为主，商品品种在30种以内	由自动售货机器完成售卖活动	没有服务
5	直销 direct selling	根据不同的产品特点，目标顾客不同	商品单一，以某类品种为主	采用销售人员直接与消费者接触，进行推介，以达到销售其产品或服务的目的	送货到指定地点或自提
6	电话购物 tele-shopping	根据不同的产品特点，目标顾客不同	商品单一，以某类品种为主	主要通过电话完成销售或购买活动	送货到指定地点或自提

GB/T 18106—2004《零售业态分类》国家标准第1号修改单

本修改单业经国家标准化管理委员会于2004年7月20日以国标委农轻函[2004]45号文批准，自2004年10月1日起实施。

改正处为：

一、将第4章零售业态分类中“按照零售业态分类原则分为食杂店、便利店、折扣店、超市、大型超市、仓储会员店、百货店、专业店、专卖店、家居建材商店、购物中心、厂家直销中心、电视购物、邮购、网上商店、自动售货亭、直销、电话购物等18种零售业态。”修改为“按照零售业态分类原则分为食杂店、便利店、折扣店、超市、大型超市、仓储会员店、百货店、专业店、专卖店、家居建材商店、购物中心、厂家直销中心、电视购物、邮购、网上商店、自动售货亭、电话购物等17种零售业态。”

二、删除“4.2.5　直销”款。

三、“4.2.6　电话购物”修改为“4.2.5　电话购物”。

四、取消表A1、表A2中业态名称的英文表述。

五、删除表A2中“5　直销”项。

参 考 文 献

[1] 肖怡．零售学[M]．2 版．北京：高等教育出版社，2007.

[2] 菲利普，科特勒．营销管理[M]．上海：上海人民教育出版社，2003.

[3] 黄安民，王君之，王晓旭．零售企业赢利模式[M]．北京：中华工商联合出版社，2005.

[4] 巫开立，现代零售精要[M]．广州：广东经济出版社，2004.

[5] 刘念雄．购物中心开发设计与管理[M]．北京：中国建筑工业出版社，2001.

[6] 余凯．仓储式超市经营管理实务[M]．广州：广东经济出版社，2002.

[7] 宋华．日本 7-11——为顾客提供最大的便利[M]．北京：人民出版社，2001.

[8] 肖怡．信息时代商业企业管理变革与创新[M]．广州：广东人民出版社，2002.

[9] 路强华．连锁经营[M]．北京：中国工人出版社，2001.